Igor Pejic

BLOCKCHAIN

REVOLUÇÃO PARA UMA NOVA
ERA FINANCEIRA?

TRADUÇÃO
UBK Publishing House

ubook ubk
Publishing House

Publicado mediante acordo com Kogan Page. Edição original do livro *Blockchain Babel: the crypto-craze and the challenge to the banks*, publicada por Kogan Page.

ubook UBK Publishing House

COORDENAÇÃO Alessandra Brito
EDIÇÃO E COPIDESQUE Juliana de Oliveira
REVISÃO Vivian Sbravatti | Mariana Paixão
CAPA Bruno Santos
DIAGRAMAÇÃO Studio Oorka
IMAGEM DE CAPA Shutterstock | Dmitriy Rybin

Dados Internacionais de Catalogação na Publicação (CIP)
(Câmara Brasileira do Livro, SP, Brasil)

Pejic, Igor
Blockchain : revolução para uma nova era financeira? / Igor Pejic ; tradução UBK Publishing House. -- Rio de Janeiro : Ubook Editora, 2021.

Título original: Blockchain Babel: the crypto-craze and the challenge to the banks
ISBN 978-65-5875-095-6

1. Bancos 2. Bitcoin 3. Blockchains (Base de dados) 4. Criptomoedas 5. Instituições financeiras 6. Moeda - Inovações tecnológicas I. Título.

21-56215 CDD-332.178

Ubook Editora S.A
Av. das Américas, 500, Bloco 12, Salas 303/304,
Barra da Tijuca, Rio de Janeiro/RJ.
Cep.: 22.640-100
Tel.: (21) 3570-8150

À minha família e à minha mulher

Sumário

Introdução

Bem-vindo à criptomania

"O Vale do Silício está chegando", Jamie Dimon, CEO da JP Morgan Chase (2015) advertiu aos acionistas do banco. Embora estivesse evitando seu nome, ele se referia ao blockchain, a tecnologia por trás do bitcoin que tem potencial de forçar a indústria financeira a uma mudança nunca vista em séculos.

O blockchain é um protocolo de computador de ledgers distribuídos que promete transações quase instantâneas e próximas da gratuidade. Dinheiro e ativos podem ser movimentados sem uma autoridade central; a validação é realizada através de uma rede peer-to-peer (P2P) sem a necessidade de intermediários poderosos para autenticar ou saldar transações.

A tecnologia inovadora já não é mais uma tendência preferida por facínoras e traficantes. Apesar de o bitcoin ainda ser a primeira e mais conhecida aplicação do blockchain, a caça à aplicação definitiva está a todo vapor. Após uma explosão de fintechs, milhares delas estão agora perseguindo a indústria que alimenta a economia global. Os investidores continuam injetando capital em uma velocidade sem precedentes, mas, nas conferências de fintechs e pagamentos, as calças jeans do Vale do Silício deram lugar aos ternos de Wall Street.

As startups são agora geridas por experientes executivos de grandes bancos, enquanto uma lista enorme de empresas está buscando iniciativas como o consórcio R3 CEV, uma colaboração das principais instituições financeiras para definir um padrão de blockchain comum entre elas. O Projeto Hyperledger tem um objetivo semelhante para aplicações de negócios. Já em 2015, um estudo da Greenwich Associates descobriu que 94 por cento dos banqueiros de Wall Street acreditavam que o blockchain tinha o potencial de mudar o setor financeiro para sempre (LEISING, 2015). Estamos vendo uma indústria lutando coletivamente para combater a ameaça de um "momento Kodak" em sua área, com banqueiros e colegas correndo para se tornarem, no futuro, os principais fornecedores de um mundo sem dinheiro.

A caça à aplicação definitiva está a todo vapor.

Os bancos não são os únicos cuja imaginação foi despertada. Gigantes da TI, jornalistas, empreendedores e capitalistas de risco estão a fim de entrar na corrida do ouro. Pesquisas acadêmicas sobre bitcoin dispararam. As publicações nas principais revistas acadêmicas aumentaram 267 por cento em dois anos, de acordo com o CoinDesk, um portal de notícias sobre criptomoeda (HILEMAN, 2016). Revistas e institutos estão dedicados à explosão dessa nova tecnologia em todo o mundo, incluindo líderes globais, como a Digital Currency Initiative, no MIT Media Lab. A razão para o hype é clara: estamos falando de uma tecnologia que, segundo o banco espanhol Santander, poderia economizar aos bancos entre quinze a vinte bilhões de dólares por ano a partir de 2022, sem nem alterar o modelo de negócio (SANTANDER INNOVENTURES, OLIVER WYMAN E ANTHEMIS, 2015). É difícil quantificar quais poderão ser os efeitos quando seu potencial estiver totalmente desbloqueado. Enquanto muitos veem um potencial sem precedentes no blockchain, empresas já existentes por trás dos processadores de pagamento, serviços de transferência eletrônica e empresas de cartão de crédito se preocupam com seu principal negócio. Eles têm razão em estar preocupados. Os insurgentes que estão chegando não são apenas mais um PayPal, que cresceu em tempo recorde e engoliu uma grande fatia do bolo de lucros, mas fez isso simplesmente adicionando outra camada em cima do sistema financeiro existente. O blockchain, por outro lado, será capaz de mudar completamente o sistema. Sim, bancos e outras instituições estão cientes de que o desafio lhes foi lançado, mas o resultado ainda não está claro.

Afinal, a história mostra que empresas que não acompanham as mudanças estão fadadas à paralisia. A inércia as bloqueia, o legado as afoga. Mas as startups podem mesmo continuar com a tendência de vencer e destronar o disputado cartel dos gigantes do dinheiro? Que papel desempenharão os gigantes da nuvem e os monstros dos dados? Google, Apple e Amazon são as únicas empresas que estão no mesmo nível das gigantes financeiras.

Os analistas do blockchain — um misto de tecnoevangelistas, anarcoliberais e especialistas da indústria — tendem a ter opiniões muito fortes e divergentes sobre o futuro da tecnologia. No entanto, ainda que pareça que todos em TI e no sistema bancário tenham uma opinião sobre o blockchain, há pouca pesquisa sistemática e análise estratégica. Este livro pretende preencher esta lacuna. As pesquisas sobre tecnologia blockchain, história financeira, teoria da inovação, dinâmica competitiva e estratégia de gestão se entrelaçam para produzir uma visão que mostra o panorama geral. Mesmo o melhor historiador não pode prever o futuro, e nenhum guru de gestão lhe dará conselhos pelos quais assumirá responsabilidade. Ambas as partes escreverão suas análises no jargão oficial ou de gestão, mas você pode usar as partes robustas desses conselhos para tomar uma decisão consciente. Os padrões de inovação se repetem. Os mecanismos de mercado são confiáveis ao longo do tempo e das geografias. Por mais disruptivo que seja o blockchain, esta não é a primeira novidade a atingir o mundo. O objetivo deste livro é quebrar a barreira entre o entusiasmo pioneiro e a sobriedade acadêmica para dar uma orientação válida, porém fundamentada e estrategicamente direcionada.

O livro desmistifica sete crenças comuns que sustentam quase todas as discussões sobre o blockchain. Esses mitos não só persistem, mas também controlam a mídia e os especialistas. Eles seguem uma lógica interna consistente, seletivamente fazendo paralelos com exemplos bem conhecidos, adaptando-se ao espírito do tempo e explorando um sentimento antibancário global. Mas a evidência empírica pode silenciar o barulho. Apontar as falhas e discrepâncias lógicas é crucial para que os tomadores de decisão tenham uma visão mais realista das oportunidades e dos desafios futuros. Vale a pena a tentativa se ela trouxer a tecnologia para um foco mais nítido aos olhos do leitor médio e, sim, até mesmo dos especialistas em blockchain.

Os mitos também servem para estruturar o livro — cada capítulo refuta um conceito errado. Começo por esclarecer o impacto social e os princípios tecnológicos, passo à procura da nova vantagem competitiva e de modelos empresariais inovadores, antes de finalmente abordar a questão de saber se o blockchain tem realmente potencial para impulsionar a economia e reduzir a desigualdade.

O poder transformador da tecnologia blockchain não se limita, de forma alguma, ao setor financeiro. Vai desde identificação segura e votação eletrônica passando por novos modelos de remuneração para artistas e profissionais da mídia, até contratos inteligentes e direitos de propriedade. Os governos já estão envolvidos na nova tecnologia: o grupo de nações D5, lançado pelo Reino Unido, busca alternativas digitais para moedas fiduciárias, enquanto o Pentágono trabalha em um sistema de mensagens baseado em blockchain. Os especialistas concordam: estamos testemunhando o nascimento da internet mais uma vez. No entanto, este livro limita seu escopo ao próprio coração do protocolo de blockchain: a indústria bancária. O sistema financeiro é vital para nossa economia, e o que acontece lá é sentido em todas as outras indústrias. A título de exemplo, os micropagamentos e os contratos inteligentes (contratos codificados em um blockchain e executados automaticamente pelo algoritmo) dependem do protocolo de pagamentos do blockchain. Acima de tudo, o barateamento e a facilidade de acesso ao capital podem desencadear um imenso crescimento econômico e proporcionar um enorme potencial de inovação global.

Confiamos no código

Pergunte aos leitores de negócios o que eles sabem sobre o blockchain, e eles lhe dirão que tem algo a ver com bitcoins e pagamentos. O seu conhecimento culminará na conclusão de que ou é uma bolha ou revolucionará as finanças. Os entusiastas do blockchain vão corrigir esta afirmação: "A tecnologia vai mudar completamente *todas as* indústrias." Com entusiasmo, eles vão acrescentar que uma criptomoeda pode ser construída para qualquer coisa. No entanto, pressionados por detalhes sobre como funciona, a maioria dará uma resposta muito superficial ou se afogará em detalhes técnicos. É verdade que é muito difícil reunir os detalhes da tecnologia em um resumo. Assim, analistas desenvoltos recorrem a analogias. O blockchain foi chamado de "internet do dinheiro" (SWAN, 2015) e de "e-mail para o dinheiro" (BLYTHE MASTERS *apud* WILD; ARNOLD; STAFFORD, 2015) e foi comparado com sistemas operacionais como Windows ou Android (THE ECONOMIST, 2016) e com a própria internet, com a diferença de que, em vez de conectar informações, ele conecta valores (TAPSCOTT; TAPSCOTT, 2016). Essas comparações proporcionam um importante ponto de partida para compreender o blockchain; todas elas o consideram uma estrutura subjacente, uma nova rede na qual as aplicações para transações monetárias podem ser executadas.

Certo, então o blockchain é uma plataforma com aplicativos. Mas o que o torna tão diferente dos atuais sistemas de pagamentos e transações? A frase-chave aqui, que é repetida como um mantra, é a *tecnologia de ledger distribuído*[1]. Os conjuntos de registros não são mantidos e atualizados por uma autoridade central ou por intermediários privilegiados, tais como empresas de cartões de crédito ou processadores, mas distribuídos em diferentes nós por computadores em todo o mundo. É uma rede baseada na tecnologia peer-to-peer (P2P), o que leva a uma série de características que distinguem o sistema blockchain das redes bancárias atuais. Primeiro, elimina qualquer tipo de intermediário. Vamos usar outra analogia para explicar isso. Pense em um aplicativo blockchain como um documento on-line e colaborativo do

Excel que todos na rede podem preencher com linhas adicionais denominando uma transação. Não há nenhum administrador que valide as modificações e armazene uma cópia mestre em seus sistemas, em vez disso, o arquivo é armazenado em todos os computadores da rede. Assim que sua nova linha for confirmada pelos outros participantes, ela será salva e a cópia em cada computador será atualizada. No entanto — e esta é outra característica distintiva do blockchain —, nada pode ser apagado ou modificado, a não ser que ocorra um pesadelo no qual mais de cinquenta por cento dos nós conspirem para alterar o histórico do ledger. Mais tarde, veremos que, embora esse cenário seja improvável, é mais possível do que qualquer entusiasta de bitcoins está pronto para admitir. Essa irreversibilidade garantiu ao blockchain a reputação de "um registrador irrepreensível" (UMEH, 2016).

A ausência de uma autoridade central significa também que ninguém verifica as verdadeiras identidades dos nós. Embora os participantes possam ver o histórico da transação no ledger, apenas metadados e pseudônimos das partes envolvidas são visíveis. Desde sua criação, o bitcoin tem sido associado ao crime e à dark web, evasão fiscal e tráfico de drogas são as alegações menos problemáticas contra ele. Essa imagem negativa também está atingindo a tecnologia por trás do bitcoin, que é vista como culpada por associação. Esse é outro erro comum, pois o blockchain pode ser usado em um ambiente controlado. Compare com o Napster, a primeira plataforma de compartilhamento de música P2P. Embora tenha operado fora dos limites legalmente permitidos e tenha sido encerrado, deu origem a uma série de outras plataformas de compartilhamento de arquivos P2P, incluindo as legítimas, como o Spotify (THE ECONOMIST, 2015).

Bitcoin e o início do blockchain

A tecnologia blockchain foi descrita pela primeira vez no infame artigo de Satoshi Nakamoto em 2008. O artigo é infame porque ninguém nunca tinha ouvido falar sobre bitcoin, blockchain ou os mecanismos por trás deles. No entanto, até hoje ninguém conhece a verdadeira identidade do autor que explicou ao mundo o funcionamento do bitcoin, a primeira criptomoeda. Ninguém sabe quais eram os motivos do inventor anônimo (ou inventores), quantos bitcoins ele ainda possui e que tipo de influência ele ainda pode ter sobre a comunidade blockchain uma década depois. Persistem boatos de que Nakamoto seja um agente russo ou chinês, um famoso criptógrafo, um dos corretores de criptomoeda mais poderosos do mundo ou até mesmo uma celebridade (como Elon Musk).

O blockchain foi inicialmente desenvolvido apenas como um meio facilitador para o bitcoin e ainda é frequentemente usado para denominá-lo. É importante diferenciar bitcoin, blockchain, e a ideia de blockchain em geral. Bitcoin é uma moeda virtual que tem um blockchain específico, enquanto outras criptomoedas, como Ethereum, têm os próprios blockchains. Cada um desses blockchains atuam como um ledger que mantém os registros das transações das moedas virtuais. Assim, apesar de ser impossível o bitcoin existir sem o blockchain, a existência do blockchain *é* possível sem o bitcoin.

> *É importante diferenciar bitcoin, blockchain, e a ideia de blockchain em geral*

Usando bitcoin para ilustrar como funciona o blockchain

Se tudo lhe parece complexo demais, você não está sozinho. A abstração e a complexidade dos mecanismos de bitcoin e blockchain podem ser confusos e precisarão ser esclarecidos a fim de que os aplicativos se tornem populares. Para que os usuários confiem seu suado dinheiro ao sistema bitcoin, terão primeiro de compreender como seus princípios básicos o tornam tão seguro quanto o sistema atual. É aqui que as coisas se complicam, então vamos dar uma olhada mais detalhada no sistema bitcoin para ilustrar como o blockchain funciona.

Para começar, cada participante da rede deve baixar o protocolo bitcoin em seu computador. Uma cópia do blockchain do bitcoin é, então, salva no disco rígido. Ao carregar o programa no dispositivo do novo membro da rede, ele é transformado em um novo nó. Semelhante à rede de voluntários BitTorrent, o nó torna-se parte de um banco de dados compartilhado. Essa natureza distributiva da base de dados dificulta a obtenção de tais redes por governos ou outros organismos reguladores.

Para manter e usar bitcoins e outras moedas virtuais, os usuários também precisam de carteiras. Por mais que possa parecer, uma carteira não é um objeto físico que segura suas posses, mas um software que permite que você acesse seus valores no blockchain. *Chave* é um termo mais apropriado. Imagine um navegador que lhe permita acessar a web. As carteiras funcionam com o mesmo princípio. A única diferença é que, em transações baseadas em blockchain, o sistema não identifica o usuário por meio de um endereço IP, mas um código pseudônimo que nenhum ser humano consegue lembrar. Ao transferir dinheiro para alguém, a sua carteira envia um pedido para provocar uma diminuição do valor nela e, simultaneamente, um aumento do valor na carteira da outra parte. Os nós — ou mineradores, como são chamados no jargão do bitcoin — verificam, então, sua respectiva cópia do ledger para ver se o iniciador da transação possui o valor monetário necessário. A operação é agrupada com outras remessas com reputação para criar um novo bloco que deve ser anexado aos blockchains gerados por transações passadas. É por isso que o blockchain recebe esse nome.

Agora vem a parte realmente inteligente, o fator surpresa em termos de anonimato e segurança. É também aqui que tudo se torna mais tecnicamente complexo, por isso, tenha paciência. Em outro programa, cada transação é criptografada em um valor chamado "hash", que é único e tem um comprimento uniforme. Hashing significa simplesmente que a informação original é transformada em um código por meio de codificação matemática. Isso é feito com criptografia unidirecional; portanto, se alguém tem apenas o hash, não consegue encontrar as variáveis de entradas iniciais. Como mencionado, cada hash é único e pode ser atribuído a uma transação específica. Vários valores hash gerados a partir de várias transações são então agrupados em um sistema chamado Árvore de Merkle.

Figura 0.1: Ilustração simplificada da configuração do bloco e do mecanismo de hashing

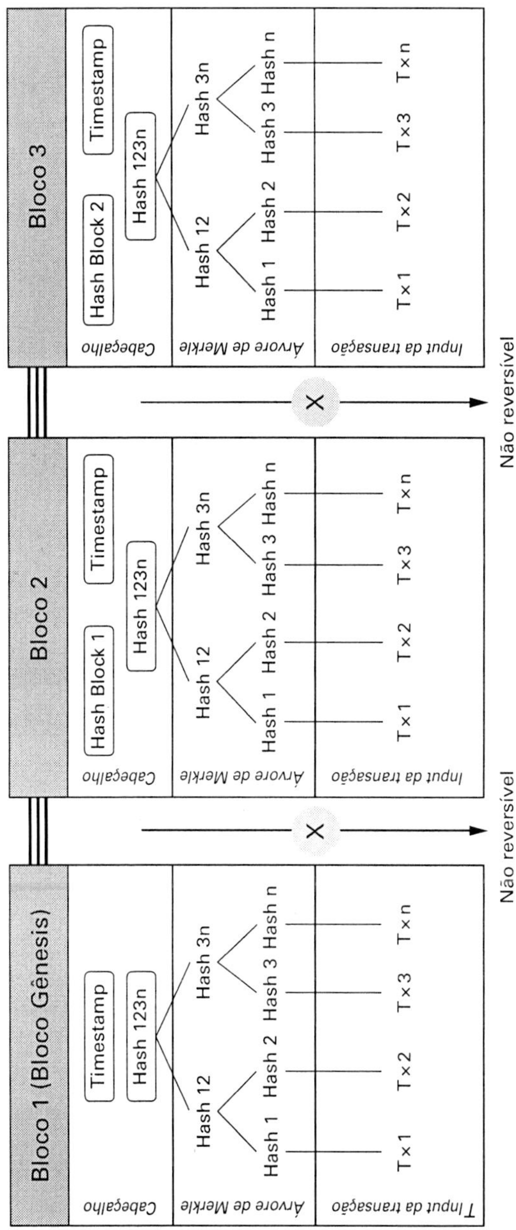

Depois de serem agrupados, o cabeçalho de um bloco é criado. O cabeçalho é um valor que também inclui o hash do bloco anterior na cadeia, e é aqui que ela se torna inviolável. Uma vez que o cabeçalho de um bloco se refere ao anterior, torna-se impossível alterar o bloco anterior sem alterar todos os blocos subsequentes (FRANCO, 2015). Cada bloco também é carimbado com a data e hora exatas, o que significa que nenhum bitcoin pode ser usado duas vezes (NAKAMOTO, 2008). A Figura 0.1 mostra como os blocos e os valores de hash são construídos.

No entanto, a transação ainda não está concluída. Um enigma matemático é construído em torno do cabeçalho do bloco recém-gerado, mais uma vez usando a função hash, e, para que as transações sejam verificadas e o bloco adicionado à cadeia, os nós devem resolver o enigma. Aqui o serviço principal dos nós não é a validação da transação; todos os nós da rede podem fazer isso. O que os mineradores fazem ao resolver enigmas e dedicar poder computacional é decidir que transação incluir em cada bloco; eles têm "o poder de votar na verdade" (TAPSCOTT; TAPSCOTT, 2016).

Então, como esse enigma é resolvido? Isso depende do blockchain específico. No sistema bitcoin, os nós o fazem usando força bruta, ou seja, tentam chegar ao resultado certo por meio de tentativa e erro, ligando uma solução após a outra. As possibilidades para as soluções certas estão na casa dos trilhões; portanto, quanto maior o poder de computação, maior a probabilidade de resolver o bloco primeiro porque os nós podem conectar os valores de teste mais rapidamente — e a recompensa é alta. O nó que primeiro atinge a solução certa embolsa os bitcoins recém-minerados. Antes de o nó vencedor receber o crédito, no entanto, os outros mineradores têm de verificar a solução proposta, o que pode ser feito rapidamente quando se tem o valor correto. Os nós apenas ligam o valor à equação e podem verificá-la instantaneamente. O ledger é então atualizado de acordo com todas as transações dentro do novo bloco. O hash que foi gerado com base no cabeçalho é salvo como parte do ledger e é referenciado pelo próximo bloco que quer se ligar à cadeia (FRANCO, 2015).

Figura 0.2 O processo de adicionar mais blocos à cadeia

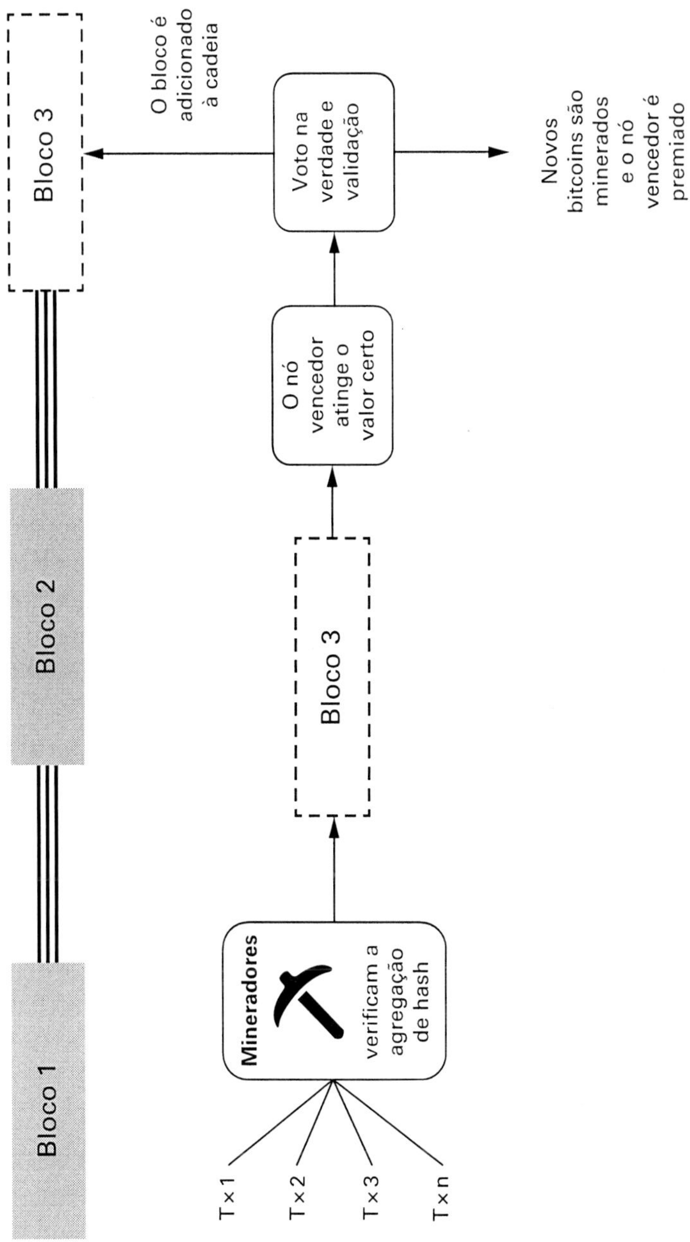

Na Figura 0.2, pode-se ver uma versão do processo de geração e validação de blocos. É importante lembrar que o blockchain não é uma loja de contas, mas uma lista que registra todas as transações em seu histórico.

Esta seção do livro foi apelidada de "Confiamos no código", fazendo alusão à frase consagrada nas cédulas de dólar dos EUA [In God We Trust]. No entanto, com as criptomoedas, a confiança não é colocada em Deus, em um banco central ou em qualquer outro banco. A ideia de uma autoridade privilegiada decidir sobre a verdade dá lugar ao consenso descentralizado — essa foi a inovação revolucionária de Nakamoto em 2008 e uma completa mudança conceitual. No entanto, se o blockchain se tornar popular, a ausência de autoridade é indiscutivelmente um conceito insustentável, tanto comercial quanto tecnicamente. Comercialmente, é preciso que as autoridades — os bancos, por exemplo — imponham a tecnologia no mercado de massa, caso contrário, continuará a ser para sempre um nicho. Tecnicamente, nenhum sistema absolutamente distribuído pode dominar com eficiência o desafio crucial que todos os sistemas de pagamento enfrentam: garantir que o dinheiro não seja gasto duas vezes.

Como funciona — superando o problema da dupla utilização

Guardamos dinheiro e documentos não porque o papel vale muito, mas porque confiamos que os outros também reconhecerão o seu valor. Hoje, a maioria dos valores monetários não têm uma representação em dinheiro ou ativos. Mas a digitalização de dinheiro e ativos enfrenta um enorme problema que outros domínios não enfrentam: ao contrário de uma fotografia ou PDF, ou mesmo um diploma universitário ou uma certidão de nascimento, o valor do dinheiro desapareceria instantaneamente se ele

o valor do dinheiro desapareceria instantaneamente se ele fosse copiado durante uma transação.

fosse copiado durante uma transação. Em outras palavras, como podemos ter certeza de que, uma vez que o dinheiro é recebido por outra parte, ele também desaparece na conta da parte remetente e não é simplesmente multiplicado?

A forma de resolver esse problema no atual sistema bancário é que cada transação é canalizada por intermédio de um terceiro. Um serviço de transferência de dinheiro, um banco, uma entidade governamental, uma empresa de cartões de crédito. Sua tarefa é executar cada transação por meio de um banco de dados centralizado e atualizá-la adequadamente, tornando o ciclo de transação um processo intensivo em termos de recursos que leva dias, às vezes semanas.

No último meio século, o desenvolvimento tecnológico desencadeou duas mudanças notáveis nos pagamentos e nas transações financeiras. Primeiro, os livros-razão foram movidos do papel para o eletrônico. Isso aumentou a velocidade das transações e diminuiu o risco operacional. Em segundo lugar, a inovação, como o pagamento móvel, foi possibilitada pela proliferação em massa de smartphones e pelo fato de todos terem um guichê bancário pessoal no bolso. No entanto, a lógica de transação subjacente permanece, e uma estrutura multicamadas de intermediários verifica cada passo. Todos os bancos têm livros-razão nos quais a posse de um indivíduo é armazenada (ALI *et al.*, 2014). O arquivo principal de uma conta contém não apenas o saldo da conta de um cliente, mas o histórico de transações dos últimos sessenta dias, noventa dias, ou qualquer outro período que o banco considere adequado. Além disso, há uma série deles para rastrear dinheiro e ativos no sistema, bem como registros que contêm transações que foram recebidas de outras fontes, mas ainda não estão registradas no livro-razão. Depois há um rastro de auditoria usado para documentar cada passo de cada ator ao longo do caminho. No topo está o software de processamento que conecta todos aqueles livros-razão, arquivos-mestre e registros. Os processos de auditoria garantem uma operação sem atritos entre eles (PETERS; PANAYI, 2015). Os bancos também possuem contas que são registradas no livro-razão de uma entidade central, por exemplo, um banco central. A base de todo o sistema de transações é a rede SWIFT (Society for Worldwide Interbank Financial Telecommunication) com sua plataforma financeira SwiftNet, uma rede de câmbio privada construída não sobre a confiança P2P, como o blockchain, mas em um modelo centralizado. Todos esses processos e atores têm, obviamente, um custo. A taxa para remessas é de oito a nove por cento do valor da transação, enquanto a taxa de transação para o bitcoin é de 0,01-0,05 por cento (PETERS; PANAYI, 2015). Pelo menos era o que os entusiastas de bitcoins do mundo imaginavam. Em três anos, à medida que o bitcoin foi sendo empurrado para seus limites de escalabilidade, as taxas subiram para cerca de 19 dólares por transação (HERTIG, 2018). A escalabilidade, no entanto, é apenas uma barreira para o bitcoin, não para o blockchain. A questão é que o mecanismo de blockchain é esvaziado e, com a configuração técnica correta, ele pode cortar os custos definitivamente.

O custo das transações não é apenas monetário, no entanto. O tempo também é um fator importante. Cada transação compreende três etapas. Começa com a autorização no momento da compra ou da transferência bancária, que pode ser o caixa de uma mercearia verificando o chip do seu cartão e o saldo disponível, ou um código de quatro dígitos enviado por mensagem de texto para validar uma transferência bancária. A autorização é executada ao menos pelo banco emissor, o banco adquirente e, muito provavelmente, um processador e uma rede de cartões de crédito. No entanto, isso acontece em segundos. A segunda etapa, que leva um dia para ser concluída, é a compensação, que é quando duas partes atualizam suas contas e provisões para transferência de dinheiro ou títulos. Quando o dinheiro e os títulos são efetivamente trocados, falamos de liquidação, a terceira e última fase do ciclo da transação, e a mais problemática. Um pagamento com cartão de crédito na loja passa por vários intermediários e é autorizado em segundos, mas pode levar dias até que a liquidação ocorra. A liquidação de transferências é ainda pior. Dependendo da localização da conta de depósito, pode demorar até uma semana.

No blockchain há apenas um sistema. Um livro-razão. Não há atraso na liquidação; não demora mais do que o tempo de autorização e compensação. E o problema do duplo gasto? Cada bitcoin está sujeito a um mecanismo chamado timestamp [carimbo de tempo] digital. Uma vez marcado o tempo durante uma transação, um bitcoin nunca mais pode ser usado. Mas é assim tão fácil? E se for, por que os titulares não carimbam apenas suas fichas de valor digital? A verdade é que o consenso entre os nós da rede vem com um custo. Existem diferentes caminhos algorítmicos para tal acordo. O bitcoin funciona com o protocolo de prova de trabalho. Para criar o próximo bloco da cadeia e assim receber uma recompensa, os mineradores têm de ser os primeiros a resolver um enigma matemático para encontrar a impressão digital única de um arquivo, o hash anteriormente mencionado. No protocolo prova de trabalho, esses enigmas só podem ser resolvidos por abordagens do tipo tentativa e erro. Essa abordagem de força bruta é a mais conhecida, mas vem com duas grandes desvantagens.

Primeiro, o princípio da prova de trabalho mata a escalabilidade operacional. O número de transações que ele pode realizar em um determinado momento é baixo e limitado. É por isso que o bitcoin não é o aplicativo definitivo do blockchain, e por isso nunca ameaçará seriamente deslocar os operadores estabelecidos. Nakamoto limitou a dimensão do bloco a um megabyte, o que corresponde a cerca de 1.400 transações por bloco ou cerca de sete transações por segundo. Para fins de comparação, a Visa processa 1.736 transações por segundo apenas nos Estados Unidos. O volume médio diário de transações para o bitcoin é de 289 milhões de dólares em comparação com 17,559 milhões de dólares da Visa, 9,863 milhões de dólares da MasterCard ou 7,562 milhões de dólares através da China Union Pay (COINOMETRICS, 2015). Programadores estão desenvolvendo soluções como o Bitcoin Lightening Network, mas esses são esforços inúteis, já que o bitcoin nunca foi configurado para se tornar popular. Antes de analisarmos as promissoras alternativas à prova de trabalho, há outra razão pela qual o bitcoin não deve ser o porta-bandeira dos entusiastas do blockchain. Como o nome do mecanismo sugere, os nós competem uns contra os outros, colocando imenso poder computacional para trabalhar na busca pela solução certa. Trabalhar com hash consome muita eletricidade. Quanto é muito? Vá em frente, adivinhe — e não se esqueça, o bitcoin lida com sete transações por segundo, em vez dos milhares atualmente gerenciados pelas redes de cartões de crédito. O consumo de energia é comparável ao de uma empresa de médio porte? Uma multinacional? Uma cidade ao menos? Infelizmente, nada disso. A resposta é muito pior. Atualmente, a rede de bitcoins absorve a mesma quantidade de energia que toda a economia irlandesa (WALPORT, 2016), embora essas estimativas variem e outras a tenham comparado ao consumo do Chipre (KAMINSKA, 2014). E essa é só a conta de luz. Além disso, a maioria dos equipamentos de mineração precisam ser descartados com cerca de três a seis meses de uso para que o nó permaneça competitivo, o que é uma enorme carga para o meio ambiente (MCCOOK, 2014). A sustentabilidade não era a maior preocupação de Nakamoto.

Outros aplicativos e plataformas blockchain, no entanto, executam a verificação de forma diferente e compensam essas deficiências. Frontier, um aplicativo que roda no maior concorrente do bitcoin, o blockchain Ethereum, optou pelo conceito de prova de participação, o que significa que os nós que têm mais interesse no sucesso de um blockchain específico têm mais influência. Se você possui uma grande quantidade de moeda, você tem mais direitos de voto sobre a verdade. Assim, o peso de um nó não é influenciado pelo seu poder de computação, mas por outros tokens. A principal vantagem é a eficiência energética. Hoje, há vários tipos de mecanismos de verificação: o blockchain Stellar também usa o mecanismo de prova de participação, mas depende de redes sociais. Em seguida, há processos de verificação de prova de capacidade e prova de armazenamento, nos quais os mineradores alocam o volume do disco rígido para encontrar o hash. Esses sistemas utilizam os recursos dedicados para operar, o que faz sentido, pois todo o blockchain, desde a sua criação, precisa ser salvo e preservado. Os entusiastas do blockchain também sonham em conectar à rede bilhões de transações que serão executadas por meio de contratos inteligentes com a esperança de que, em um mundo conectado ao M2M, onde cada utensílio doméstico tenha algum tipo de poder de computação e armazenamento e esteja conectado a uma rede de informações, seja possível alimentar o blockchain com recursos não utilizados (TAPSCOTT; TAPSCOTT, 2016).

Custos de segurança — e se vamos pagar pela segurança, deve ser para salvaguardar o valor do nosso dinheiro. Mas o blockchain é assim tão seguro?

Desbloquear a corrente — bom demais para ser seguro?

Um dos principais diferenciais do blockchain é que as transações são à prova de adulteração e seu ledger é inviolável. O registro só pode ser atualizado se a maioria do poder computacional dos nós estiver de acordo. A fraude não pode acontecer e, como cada nó vê todas as transações, se acontecesse, todos os outros na rede veriam. O sistema se baseia na ideia de que os indivíduos, sejam eles parte da rede ou não, não podem ser confiáveis, mas ainda conseguem chegar a um consenso por causa do mecanismo de incentivo. As ações das pessoas são previsíveis porque são alimentadas pelo interesse próprio. Se um nó se desgarrar, não faz diferença porque a maioria terá uma cédula sobre a verdade. O mecanismo de verificação é seguro e, portanto, o bitcoin é seguro. Ou assim se pensava até 2014, quando o escândalo do Mt. Gox abalou o mundo bitcoin. Mt. Gox era uma exchange de bitcoin que tinha sido fundada em Tóquio quatro anos antes. Na época do ataque, ela tinha rapidamente elevado a maior bolsa comercial do mundo, com setenta por cento de todas as transações de bitcoin sendo processadas por ela. Em um assalto inédito, foram roubados 450 milhões de dólares ou 850 mil moedas de clientes em 2014, a maioria das quais nunca mais apareceu. Bots manipulados transformaram o valor do bitcoin em uma montanha-russa. Muitas pessoas perderam muito dinheiro e a Fundação Bitcoin, a organização que dirige a exchange, faliu (SKINNER, 2016). O golpe de 450 milhões de dólares não foi um incidente isolado: por exemplo, quando a bolsa eslovena Bitstamp foi invadida, cinco milhões de dólares foram roubados (UMEH, 2016). Falhas de segurança como essas levaram a empresa perita em segurança TI Kaspersky Labs a concluir que é possível infestar as transações do blockchain com malware (HEIRES, 2016), o que nos leva à pergunta: afinal, o blockchain é seguro?

Os devotos do bitcoin acreditam que não foi a tecnologia que decepcionou as pessoas e custou tão caro aos investidores de bitcoin, mas sim os erros humanos. E eles têm razão. No coração da tecnologia do blockchain está o mecanismo que garante que o dinheiro não seja gasto duas vezes, mas a segurança tem de ser assegurada a um nível muito mais vasto. Quando falamos de segurança no blockchain, em essência, falamos de integridade de dados, o que deve incluir todo o ciclo de vida dos dados, verificando se são exatos, coerentes e válidos em *todas* as fases. Eu identifiquei três riscos que precisam ser considerados: a disponibilidade do ledger, a segurança dos dados off-line (ou seja, antes/depois da transação) e a segurança dos dados on-line (ou seja, durante a transação).

Os devotos do bitcoin acreditam que não foi a tecnologia que decepcionou as pessoas e custou tão caro aos investidores de bitcoin, mas sim os erros humanos.

Para criptomoedas como o bitcoin, há um quarto perigo: risco cambial. As criptomoedas são radicalmente diferentes da moeda fiduciária, uma vez que não estão sujeitas à inflação. Uma das preocupações de Nakamoto era que, ao aumentar o fornecimento de bitcoins, o seu valor diminuiria, razão pela qual limitou o fornecimento de bitcoins totais a 21 milhões. Não há nenhum banco central ou Reserva Federal (FED) que possa influenciar a quantidade de moeda bitcoin em circulação. Em vez disso, a mineração de novas moedas funciona de acordo com um mecanismo predeterminado.

Por bloco concluído e vinculado ao bloco anterior, os mineradores receberam cinquenta bitcoins nos primeiros quatro anos. O montante foi reduzido pela metade após quatro anos subsequentes, e esse mecanismo de redução pela metade continuará no mesmo ritmo até aproximadamente 2140, ano em que o número total de bitcoins em circulação será atingido (DONNELLY, 2016). Tal como as cotas em uma startup, isso garantiu que os primeiros apoiadores tivessem um grande incentivo para manter a rede em funcionamento. Ao mesmo tempo, porém, isso levará a problemas que as moedas tradicionais não têm, por exemplo, como motivar os mineradores a fazer a autenticação após 2140. Além disso, as moedas virtuais que não estão ancoradas em economias reais e não têm nenhum banco nacional estão sujeitas a enormes flutuações cambiais — por exemplo, subindo 56 por cento no primeiro semestre de 2016, de acordo com o CoinDesk USD Bitcoin Price Index (BOVAIRD, 2016).

A concentração da posse de bitcoins é outro problema; 937 pessoas possuem cerca de metade de todos os bitcoins em circulação (WILE, 2013). Um olhar detalhado sobre a volatilidade da moeda está além do escopo deste livro, mas os leitores que gostariam de saber mais sobre temas como a inflação ou a ausência de um banco nacional vão encontrar uma discussão detalhada em *The Age of Cryptocurrency: How bitcoin and the blockchain are challenging the global economic order*, por Paul Vigna e Michael J. Casey.

Voltemos agora às três dimensões de segurança que se aplicam a todos os blockchains, quer estejam na base de moedas digitais, quer estejam na base de moedas fiduciárias. A primeira dimensão a considerar é a disponibilidade do sistema e dos dados. Aqui os aplicativos baseados em blockchain têm uma vantagem sobre os sistemas centralizados. Os ledgers distribuídos são mais resilientes. Se um banco tiver um problema de TI e não conseguir acessar o seu master ledger, não será capaz de efetuar transferências ou recuperar dinheiro antes de o problema ser resolvido. Esse não seria o caso, no entanto, se o seu dinheiro foi armazenado no blockchain. A replicação do banco de dados em qualquer nó garante que os usuários tenham acesso mesmo que alguns nós fiquem indisponíveis. O nível de segurança só diminuirá proporcionalmente à perda de capacidade de processamento.

E quanto à segurança quando os dados estão off-line, ou seja, quando não fazem parte de uma transação atual? Defensores do blockchain argumentam que, no escândalo da Mt. Gox e outros, o problema era o armazenamento e o manuseio dos dados. É aqui que se percebe a eliminação das instituições financeiras da rede; ela coloca maior responsabilidade sobre o indivíduo. Os depósitos eletrônicos dos bancos comerciais são mais seguros no que diz respeito à recuperabilidade. Se eu perder meu código PIN, são necessários alguns cliques para receber um novo. Uma vez perdida a chave privada de uma conta em blockchain, o mesmo acontece com os ativos digitais e, mesmo que o blockchain se liberte dos intermediários financeiros, há outros intermediários que são inevitáveis para certos aplicativos em blockchain. A empresa CoinSpark, por exemplo, atua como um tabelião de blockchain. Sim, ainda será necessário ter um tabelião e uma operação de câmbio. Seus dados — e suas posses — ainda vão passar por muitas mãos e você precisa confiar que eles os armazenarão corretamente. No fim, se, por qualquer razão, os seus bens móveis não forem pagos, você não estará protegido por guardar seu dinheiro sob qualquer regulamento bancário. É uma aposta arriscada.

Então, durante as transações? Assim como transações com cartão inteligente, a tecnologia blockchain depende de criptografia de alto nível, ou seja, da infraestrutura de chave pública (PKI, do inglês, ou ICP, em português). Trata-se de uma criptografia assimétrica elaborada em que as partes comunicantes utilizam uma chave privada e uma chave pública para garantir que mais ninguém possa bisbilhotar suas comunicações. Essas chaves são sequências alfanuméricas. As chaves públicas, como o nome sugere, são conhecidas por todos; as privadas, apenas pelo portador das chaves. O destinatário só pode decifrar a mensagem se tiver ambos. A infraestrutura de chaves públicas reduz o risco de comunicação digital, pois garante que os dados enviados sejam genuínos e privados. Ninguém pode interferir. Ninguém pode bisbilhotar.

Então, a comunicação é autêntica e segura, mas e se o mecanismo for enganado? E se a mensagem enviada estiver errada porque os nós decidem votar uma verdade que, na realidade, se encaixa nos seus objetivos escusos? Na literatura sobre bitcoin, esse cenário é conhecido como o ataque Sybil ou ataque de falsificação de identidade. Como mais da metade da potência de computação da rede é necessária para que isso aconteça, também é conhecido como ataque de 51 por cento. Em teoria, se alguém conseguir sob seu controle mais da metade dos nós ou da potência de computação, poderá reescrever toda a cadeia. Mas não é assim tão fácil. Nakamoto incorporou três princípios que garantem a segurança do bitcoin durante a fase de enigma em que os nós procuram a solução certa. A primeira é a sorte. Os nós usam força bruta para atingir o hash certo, tentando um valor após o outro. Assim, não se pode prever qual minerador resolverá o enigma e começará a atualizar a cadeia. A segunda salvaguarda é o histórico. Cada bloco está ligado ao anterior, ligando todo o caminho ao bloco de gênese (THE ECONOMIST, 2015). A alteração dos blocos anteriores implicaria custos de energia tão elevados que qualquer potencial ganho financeiro seria anulado. Quanto maior a cadeia fica, mais segura ela é, e o poder de computação necessário para alterá-la também aumenta (TAPSCOTT; TAPSCOTT, 2016). Alterar uma transação anterior modificaria o hash, que é incorporado em todos os blocos subsequentes. Por isso, para mudar um bloco no passado, também seria necessário modificar todos os blocos posteriores, refazendo a prova de trabalho para cada um deles (NAKAMOTO, 2008). Finalmente, o sistema de incentivos do bitcoin também favorece um voto "honesto" sobre a verdade. Para receber a recompensa, os nós sempre trabalham na versão mais longa, impossibilitando a alteração do histórico no ledger (THE ECONOMIST, 2015). Na realidade, é muito improvável que mais da metade da potência de computação se junte a uma conspiração, especialmente porque existem atualmente cerca de dez mil nós de bitcoin.[2]

Há outras vozes mais céticas, muitas das quais estão especialmente focadas em blockchains que funcionam com o mecanismo de prova de trabalho. A mineração de bitcoins não é um campo de atuação igualitário, e as desigualdades inerentes podem resultar em tensões monopolísticas. Mineradores egoístas podem se unir para aumentar a probabilidade de serem recompensados. Assim, outros mineradores se juntarão ao maior conglomerado por interesse próprio e, possivelmente, formarão um nó maior que cinquenta por cento; isso quase aconteceu no passado (EYAL; GÜN SIRER, 2014). Lembre-se: não se trata de obter a maioria dos nós, mas de poder computacional. Megafábricas de mineração têm uma participação de voto muito maior do que o computador doméstico que você converteu em um nó.

Em última análise, a verdadeira questão não é saber se a tecnologia blockchain é completamente segura, mas se é mais segura do que o sistema atual. Antigamente, quando os assaltos a bancos envolviam armas e carros de fuga, não havia ilusão de segurança absoluta — nem mesmo para o dinheiro escondido atrás das pesadas portas de aço dos cofres. Hoje, imagens de hackers digitando algum código ilegível em seus teclados não tendem a fazer manchetes, mas golpes bancários persistem, e os ladrões podem pegar muito mais dinheiro agora do que qualquer bandido mascarado com um revólver poderia ter feito em tempos passados. Em 2016, as fraudes com cartões bancários sugaram mais de 22,80 bilhões de dólares do setor bancário. Isso corresponde a 7,15 centavos a cada cem dólares — e a tendência é negativa. A ação subiu de 6,97 centavos para cada cem dólares em 2015 ou de 4,46 centavos em 2010 (THE NILSON REPORT, 2017). Mesmo a rede SWIFT, que permite a realização de transações bancárias entre onze mil instituições financeiras em todo o mundo, foi objeto de hacking no passado. Em um assalto, bancos em Bangladesh e Equador perderam noventa milhões de dólares (BURNE; SIDEL, 2017). Um ponto fraco é a infraestrutura de gerenciamento de dados existen-

Golpes bancários persistem.

te, construída sobre sistemas legados de TI. Em vez de substituir o software ultrapassado, novos sistemas são simplesmente adicionados a ele, aumentando o custo, a complexidade e a vulnerabilidade. Quanto mais sistemas de TI e interfaces você tiver sob seu controle, mais possibilidades e vulnerabilidades você tem de atrair os atacantes. Nenhuma fortaleza é inconquistável no mundo digital. Considere o seguinte: em média, há de dez a quinze erros por mil linhas de código. As principais companhias de software podem reduzir a 0,5 erros, mas sempre haverá bugs que os hackers podem explorar (THE ECONOMIST, 2017). Assim, cada legado de TI que é destruído corta o número de linhas de código. O blockchain ajuda a fazer exatamente isso. Você está, agora, equipado com os conhecimentos para convencer seu chefe de segurança. Até agora, tudo bem. Mas aí vem o verdadeiro desafio: os clientes estão prontos?

Notas

1. Muitas vezes, blockchains são comparados a ledgers distribuídos, mas isso não é totalmente correto. Os ledgers realmente distribuídos são os protocolos situados no topo do blockchain, portanto, o blockchain em si não é o ledger, mas o mecanismo para validação da transação (ou seja, para alcançar o consenso entre os diferentes nós no ledger).
2. 11.147 para ser exato (15 de fevereiro de 2018) de acordo com <https://bitnodes.21.co/>.

CAPÍTULO UM

Blockchain, bitcoin e ledgers distribuídos — Descomplicando o hype

Mito: "O blockchain é a segunda geração da internet, e tem o mesmo peso."

Por que acabar com os bancos? O sonho do blockchain 2.0

Quem seguiu o blockchain ao longo dos últimos anos notou que ele se transformou de uma tecnologia desconhecida e on-line que permitia transações em uma cura para todos os males. Quando se tem um martelo na mão, tudo se parece com um prego. O blockchain é o martelo. Foram identificadas oito grandes categorias de aplicativos blockchain:

- aplicativos gerais;
- criptomoedas;
- transações financeiras;

- registros públicos;
- identificação;
- atestados;
- chaves de ativos físicos; e
- ativos intangíveis. (SWAN, 2015)

Cada um dos itens acima tem o potencial de revolucionar não apenas uma indústria, mas, muitas vezes, toda a economia. Tomemos como exemplo a salvaguarda dos direitos de propriedade. Em muitos países menos desenvolvidos, os direitos de propriedade são, muitas vezes, ameaçados devido a um governante descuidado, a um sistema judicial corrupto e — aqui vem a palavra-chave para entusiastas do blockchain — a um registro mutável de propriedades. Se você se opõe ao sistema político predominante, se um membro da classe dominante precisa da sua terra para dá-la a uma pessoa de sua família ou etnia, ou se um rei quer construir uma rodovia em sua propriedade, você não tem a menor chance. O registro é alterado e sua posse não pertence mais a você (TAPSCOTT; TAPSCOTT, 2016). Isso é cruel para o indivíduo, mas também para a economia como um todo. Torna-se mais difícil usar a terra ou outros bens imóveis como garantia, por exemplo, para construir um novo negócio, o que por sua vez diminui o investimento e impacta os níveis de empregabilidade (THE ECONOMIST, 2015). Além disso, os estrangeiros vão pensar duas vezes antes de investir naquele país.

Outro aborrecimento que o blockchain poderia remediar é a utilização abusiva dos direitos de propriedade intelectual. Os proponentes dizem que ele vai possibilitar e viabilizar os micropagamentos. O conteúdo de artistas, jornalistas e criadores de filmes podem ser pagos por centavos em vez de baixados ilegalmente. O blockchain também pode revolucionar a verificação segura da identidade digital. As eleições são um exemplo amplamente descrito. Colocar identidades no blockchain as tornarão invioláveis e promoverá a democracia. Os partidos no governo não poderão mais manipular cartões de voto nem os hackers se intrometerão nas eleições. O ledger imutável também garante que a ajuda a outros países atinja sua meta (TAPSCOTT; TAPSCOTT, 2016) ou que os registros eletrônicos de pacientes no setor de saúde sejam protegidos (BAXENDALE, 2016). Os governos de todo o mundo perceberam o potencial e estão tentando aproveitá-lo. Isso é especialmente verdade no caso do Grupo de Nações D5 (Estônia, Reino Unido, Israel, Nova Zelândia e Coreia do Sul), que está batalhando para implementar tecnologias relacionadas aos blockchains. A Estônia lançou serviços de registros fiscais ou de comércio eletrônico baseados na verificação da tecnologia de ledger distribuído (WALPORT, 2016).

Não só essas possibilidades são intrigantes, mas elas também são simplistas. Um código poderia realmente evitar que um ditador africano usurpasse a terra de um fazendeiro para construir uma rodovia? Usuários realmente iriam querer passar pelo inconveniente de fazer uma transação a cada vez em que lessem um artigo, só para que o autor recebesse uma fração de um centavo? E em termos de identidade de eleitores, como certificar que a pessoa que está digitando a sequência alfanumérica é realmente a pessoa cuja face está na identificação? Esse determinismo tecnológico supõe que uma única ferramenta tornará o mundo um lugar melhor. Não há dúvidas de que o blockchain é poderoso, mas a forma de os mercados o utilizarem será ainda mais.

Não há dúvidas de que o blockchain é poderoso, mas a forma de os mercados o utilizarem será ainda mais.

É aqui que entram os "contratos inteligentes". Tudo o que foi discutido até agora pode ser o blockchain englobado no termo blockchain 1.0. Os contratos inteligentes levam o blockchain para o próximo nível: blockchain 2.0 (SWAN, 2015). Um exemplo frequentemente citado é o carro que tranca as portas se o proprietário não pagar a mensalidade. As condições contratuais são codificadas no algoritmo e executadas automaticamente em vez de ter um juiz e um executor humanos. A ideia do contrato inteligente não é nova e foi discutida pela primeira vez na década de 1990 (SZABO, 1997), mas foi somente após o advento do blockchain que surgiu uma possível base tecnológica. Um bom exemplo de uma plataforma que usa contratos inteligentes é a Ethereum, que foi construída sobre um poderoso blockchain e executa aplicativos que movimentam valor e protegem a propriedade. Por meio da utilização de tecnologia de contratos inteligentes, a Ethereum tornou-se um dos principais projetos blockchain; a empresa viu o preço de suas ações disparar de 11,29 dólares em 5 de janeiro de 2017 para 1.044,54 dólares exatamente um ano depois (COINMARKETCAP, 2018). Atualmente, há sensores em quase todos os dispositivos. Os automóveis e os smartphones estão cheios deles — e quem diria há cinco anos que as geladeiras teriam sensores ligados à internet e poderiam encomendar alimentos automaticamente por meio da monitorização dos padrões de estoque e de alimentação? Estamos no início da economia dos dispositivos conectados. A empresa de pesquisa Gartner (2015) estima que a internet das coisas (IoT, da sigla em inglês) em 2020 contará com 20,8 bilhões de dispositivos conectados, contra "apenas" 6,4 bilhões em 2016. A cada dia, fica cada vez mais difícil gerir esse número explosivo de maneira centralizada. Mesmo empresas como a IBM reconhecem que um modelo centralizado não funcionará no mundo IoT, alegando que é "hora de a nuvem passar do centro de dados para sua maçaneta" (PURESWARAN; BRODY, 2015). Para gerenciar um sistema global de dispositivos inteligentes interconectados a custos razoáveis, é necessário um sistema P2P confiável. Como o blockchain oferece consenso descentralizado, os autores do relatório da IBM concluem que ele não é apenas a tecnologia para facilitar as transações, mas também para a coordenação entre os dispositivos.

Essa explosão de aplicativos também foi impulsionada pela invenção de um novo veículo de investimento: ofertas iniciais de moedas (ICOs). As ICOs podem ser usadas para atrair capital para uma nova criptomoeda ou token com o qual os investidores iniciais compram moedas e esperam que seu valor infle. É comparável às ações de uma empresa, mas não há o recebimento de dividendos. Algumas ICOs podem até mesmo equipar o titular com poder de voto na rede, porque sua base técnica privilegia os nós com a participação em um token em particular.

Então, com todas essas novas e empolgantes possibilidades, por que o livro *Blockchain* se concentra no setor bancário? Em primeiro lugar, mesmo os contratos inteligentes dependem do blockchain para servir como a nova (micro)camada de pagamento da economia. Em segundo lugar, a indústria financeira frequentemente prepara o caminho para outros setores em termos de novos modelos de negócios, dinâmica de mercado e capital. Se o blockchain conseguir libertar capital vinculado, poderá desencadear uma explosão de investimento global. Em terceiro lugar, parece haver um consenso entre os especialistas em blockchain de que as finanças serão a área central a ser transformada. Em sua pesquisa anual, a CoinDesk (HILEMAN, 2016) entrevistou líderes de pensamento e descobriu que 77 por cento deles estavam convencidos de que as finanças seriam o domínio mais afetado pelo blockchain, enquanto 54 por cento deles achavam que a identidade teria o maior impacto, e apenas 38 por cento achavam que seriam títulos de propriedade.

Finanças como catavento do blockchain

Mas mesmo quando falamos de blockchain e finanças, as possibilidades parecem não ter fim. Criptomoedas, transações e remessas são apenas as possibilidades de aplicação mais eminentes. Os blockchains financeiros dividem-se em quatro grupos: pagamentos de varejo, pagamentos de atacado, mercados de capitais e serviços de títulos (WYMAN; EUROCLEAR, 2016). Os pagamentos de varejo são os mais conhecidos e mais importantes. A maioria das aplicações que englobam moedas paralelas, inclusive moedas criptografadas e tradicionais, bem como remessas e carteiras associadas, se enquadra nessa categoria, e elas sustentam os outros grupos. Os pagamentos por atacado incluem a revisão das redes bancárias e o financiamento transfronteiras. Graças ao blockchain, o dinheiro entre empresas pode ser facilmente movimentado mesmo entre estados. Haverá também impacto nos mercados de capitais e no serviço de títulos, principalmente na liquidação de títulos e na documentação de ativos. Por último, o blockchain pode ser utilizado no financiamento do comércio e transações bancárias, incluindo o financiamento da cadeia de abastecimento e das contas a receber, bem como do comércio de produtos de base. Não estamos falando de cenários em um futuro distante aqui; a NASDAQ já construiu uma solução baseada em blockchain, chamada NASDAQ Linq, que ajuda as empresas a representar digitalmente a propriedade de ações (NASDAQ, 2016). Então, essa lista mostra a riqueza de campos de aplicação; blockchain é uma cura para os males. No entanto, a razão pela qual saliento isso não é para destacar sua importância, mas para lançar luz sobre um problema central que surgirá quando empréstimos, obrigações, ações e derivados unirem-se à mudança dos pagamentos no blockchain: a interoperabilidade. Com isso, quero dizer que diferentes blockchains estarão em uso e todos eles deverão ser compatíveis. As empresas, e as instituições financeiras em particular, farão parte de múltiplos ledgers baseados em blockchains — uma rede de câmbio, uma rede de contratos, uma rede de bitcoin, e assim por diante. Isso diz duas coisas. Primeiro, a única forma de aproveitar todo o potencial da nova tecnologia é um consórcio de empresas de TI e instituições financeiras se juntar para definir padrões compartilhados. Um desses esforços já está em curso, o projeto Hyperledger, liderado pelo Linux. Hardware, plataformas de software e aplicativos precisam estar alinhados. Em segundo lugar, nenhum aplicativo será capaz de liderar isoladamente no mundo do blockchain; um atrativo de venda decisivo para qualquer um deles será a facilidade com que poderá ser integrado em outros sistemas.

Para o blockchain, as finanças são, e provavelmente sempre serão, um catavento.

Para o blockchain, as finanças são, e provavelmente sempre serão, um catavento, e, como acabamos de ver, os canteiros de obras dos serviços financeiros são abundantes. Então, existe realmente qualquer necessidade de se preocupar com outros campos, como eleições por meio eletrônico? O principal argumento que quero apresentar com este capítulo é que aqueles que trabalham na indústria financeira não devem ver a nova tecnologia como um ataque ou simplesmente uma oportunidade de reduzir os atuais sistemas de TI. Uma visão tão limitada, que vê a tecnologia simplesmente em termos de fornecimento de serviços financeiros mais baratos, ignoraria uma potencial vantagem competitiva. Bancos, empresas de cartões de crédito e similares são instituições de confiança. Durante séculos as pessoas confiaram-lhes seus bens materiais mais valiosos. Com o blockchain, terão uma ferramenta para usar essa confiança e entrar em novos mercados. Muitos desses mercados são altamente lucrativos para empresas pequenas e especializadas. Tenha em mente que a dimensão financeira do blockchain sustenta muitos outros campos, de modo que uma estratégia de blockchain não deve terminar com transações monetárias. Mas, antes de mergulharmos na estratégia, vamos olhar para os mecanismos que inspiram confiança em todos esses diversos campos.

A segunda tentativa de dinheiro eletrônico e por que desta vez pode funcionar de verdade

Os pioneiros pegam as flechas, os colonos ficam com a terra. Essa é uma verdade que muitos dos que se atentam às manchetes experimentaram em primeira mão. Há muitos tipos de grandes visionários e inventores revolucionários, mas há uma coisa de que eles precisam acima de tudo: o momento certo. Não há dúvida de que o artigo de Satoshi de 2008 foi inovador, mas, se tivesse vindo uma década antes, ninguém teria prestado atenção nele. Na verdade, os pagamentos criptografados já tinham sido inventados na época em que Satoshi escreveu o artigo. Em 1983, o criptógrafo David Chaum notou a insegurança dos pagamentos por

Inventores revolucionários precisam principalmente de uma coisa: o momento certo.

cartão, especialmente na internet. Ele escreveu um artigo (1983) descrevendo uma forma precoce de criptomoeda que tornaria os pagamentos pela internet anônimos e seguros. Ele chamou de dinheiro eletrônico ou e-cash: era um software que o usuário instalava no PC. O dinheiro era armazenado nesse software, mas você ainda precisava ter um banco para garantir a autenticidade dele e que ele não fosse gasto duas vezes. Isso era feito por uma assinatura criptografada. Em muitos aspectos, o e-cash funcionou de forma semelhante ao PayPal: o dinheiro era retirado de uma conta bancária ou cartão de crédito e uma nota de crédito era dada ao varejista como garantia. Em qualquer caso, o varejista precisava ter uma conta bancária para a qual o e-cash pudesse ser convertido em dinheiro "real". Você também pode compará-lo a um cartão pré-pago, mas com uma carteira virtual anexada na qual uma representação digital de dinheiro pode ser armazenada. Assim, em 1983, tivemos a troca de dinheiro fiduciário por um token digital que foi transferido de forma anônima, segura e rápida. Parece familiar? Claro, blockchain funciona com um mecanismo de verificação diferente, mas os benefícios oferecidos ao usuário eram praticamente os mesmos.

Então, por que então a DigiCash, empresa de Chaum, teve que pedir falência em 1998, apenas dois anos depois que ele deixou a empresa? Não era que Chaum fosse um empresário ruim. Todas as grandes, como Citi e Microsoft, fizeram negócios com ele. O fabricante do Windows chegou até mesmo a oferecer 180 milhões de dólares para colocar o programa em cada computador. Então, ele deve ter tido uma má estratégia de vendas, não ter convencido parceiros cruciais ou ter cometido algum outro erro, certo? Nenhuma das anteriores. O Deutsche Bank, o Credit Suisse e o Bank Austria foram apenas alguns dos bancos que se associaram a ele e ofereceram e-cash ativamente aos seus clientes. Os bancos tinham percebido o potencial da tecnologia e a testaram como uma opção adicional para pagamentos pela internet. Apesar dessas grandes parcerias, a tecnologia não decolou — os clientes finais simplesmente não estavam interessados.

David Chaum e suas ideias pioneiras foram muito longe, mas ele estava décadas adiantado. Ele pode ter sido o primeiro, mas, infelizmente, suas ideias vieram cedo demais e ele não conseguiu obter o mesmo reconhecimento que Satoshi Nakamoto, nem inspirar uma série de artigos da TechCrunch.

O bitcoin surgiu apesar — e alguns diriam por causa – do fato de não ser mais uma camada em cima da atual estrutura bancária. Mas será que adicionar bloco após bloco em um ledger distribuído é realmente o que fez o bitcoin ter sucesso e o e-cash falhar? Para os primeiros usuários do bitcoin, pode ter sido esse o caso. A capacidade de contornar completamente o sistema bancário estabelecido encaixa o bitcoin no lado obscuro da internet. Mas não foi isso o que levou as criptomoedas e o blockchain ao hype. O mundo mudou drasticamente desde 1983. Naquela época, compras na internet só eram feitas pelos mais corajosos. Os pagamentos eram totalmente dominados pelo dinheiro em espécie, principalmente fora dos Estados Unidos. Hoje, os cartões de crédito, de débito e pré-pagos contabilizam um volume total de transações anuais de 31,878 trilhões de dólares (THE NILSON REPORT, 2017b). Bancos on-line estão substituindo as agências bancárias e, em 2022, o tráfego nas agências bancárias deverá diminuir em 36 por cento (PEACHEY, 2017). Caixas eletrônicos, notebooks e telefones celulares são tudo o que você precisa para fazer esse trabalho. Quando foi a última vez que visitou uma agência do seu banco? Além disso, os caixas eletrônicos estão agora onipresentes. Em 2016, o número de novas máquinas expedidas totalizou 54,2 milhões em 2016, um aumento de mais de dez milhões em relação ao ano anterior (THE NILSON REPORT, 2017a). O PayPal já se tornou o maior método de pagamento on-line nos Estados Unidos, cobre mais de 354 bilhões de dólares em volume de pagamentos globalmente e tem quase duzentos milhões de contas de usuários ativos (STATISTA, 2017). O pagamento móvel está em ascensão: entre 2017 e 2022 foi previsto um aumento de 132 por cento das transações móveis (PILCHER, 2017). A questão é que o cidadão médio está habituado a tokens digitais de valor. As decisões de compra são, por vezes, tomadas baseadas no método e na facilidade de pagamento; uma loja que não oferece pagamento com cartão de crédito pode ser evitada. Estudos mostram que cada empresa que não oferece pagamentos com cartão perde sete mil em receita por ano (INTUIT, 2012).

As pessoas também se tornaram mais impacientes. Você já esteve na fila de uma caixa registradora, sonhando em chutar o terminal para acelerar o processamento? Os cartões por aproximação aumentaram as expectativas ainda mais, pois não ter que inserir códigos PIN para pequenas transações agiliza as filas. Já não temos de inserir um cartão de plástico em um terminal, podemos simplesmente encostar nele. Assim, a tecnologia sem contato tem alimentado o surgimento de muitas outras formas de pagamento, seja inserindo seu chip com tecnologia de aproximação em um pedaço de plástico, seja em um adesivo sem contato, ou mesmo em um bichinho de pelúcia. Percorremos um longo caminho desde o cobre, o papel e até mesmo o plástico. Todos entendem que o dinheiro não será conduzido por um caminhão de um banco para outro se você encostar seu Mastercard em um caixa eletrônico. A ideia de ledgers digitais sendo atualizados em segundo plano, assim como a ideia de criptografia e segurança de dados, criou raízes. A penetração dos computadores e da internet está no auge: 51,7 por cento da população mundial tem acesso à internet — na Europa é de 80,2 por cento e nos Estados Unidos é de 88,1 por cento (INTERNET WORLD STATS, 2017). O mais importante é que o comércio eletrônico teve uma impressionante série de vitórias, capturando 8,7 por cento de todos os gastos de varejo, e está previsto um crescimento de dois dígitos até 2020, se você acreditar nos especialistas em pesquisa de mercado (EMARKETER, 2016). Ao contrário de três décadas atrás, o palco está preparado para um sistema de pagamento fácil, seguro e barato que se espalha pelo mundo.

Agora, os bancos também têm incentivos mais elevados; como notamos no último capítulo, só a redução da fraude com cartões de crédito pouparia às instituições financeiras quase 23 bilhões de dólares por ano. Mas isso não é tudo, pois há uma ameaça ainda maior batendo às portas dos bancos: as fintechs independentes. Para compreender a magnitude da ameaça representada pelas fintechs, precisamos olhar para a história dos pagamentos no passado recente. Com a evolução dos processos de pagamento, novas funcionalidades foram acrescentadas e a cadeia de pagamentos foi ampliada. Para cada etapa da cadeia, surgiu um novo tipo de ator vendendo serviços para a pequena etapa do processo de pagamento. Isso permitiu que esses atores ganhassem experiência e vantagens de escala para esculpir nichos extremamente lucrativos em todo o mundo. Esses atores não eram independentes, mas filiais ou parceiros bancários. No setor bancário, essa situação é referida como "coopetição". Devido à alta concentração do mercado, os fabricantes de componentes da cadeia de valor de pagamento competiram e cooperaram uns com os outros ao mesmo tempo. Os instrumentos de pagamento só funcionam se os clientes souberem que poderão usar o cartão em todas as lojas ou que não terão de abrir uma conta bancária em um banco específico para pagar a conta de luz. Assim, as redes, os emissores e os adquirentes não tiveram outra escolha senão associar-se aos concorrentes para construir uma infraestrutura conjunta. Algumas vezes isso levou décadas e, devido à complexidade e à interdependência dos passos, os bancos tiveram que encontrar um *modus vivendi* entre si, ao mesmo tempo em que lutavam pelos clientes. Essa é uma das principais razões para a escala e a estrutura estática da indústria atual e também explica a posição confortável em que se encontram os operadores históricos. Ao mesmo tempo, no entanto, a coopetição os tornou vulneráveis aos concorrentes digitais de hoje (MCKINSEY, 2017). As fintechs de blockchain não podem tornar os bancos obsoletos, mas podem competir por lucros sem usar sua infraestrutura. Isso é o que as diferencia das fintechs que não são blockchain, que não podem contornar a infraestrutura. Enquanto na década de 1980 a interface com o cliente era uma prerrogativa dos bancos,

> *As fintechs podem competir por lucros sem usar a infraestrutura dos bancos.*

as jovens startups de hoje estão ocupando exatamente esse espaço.

Vamos voltar aos pioneiros e colonos. As empresas de blockchain de hoje não são aventureiras sem esperança. Algumas são pioneiras, outras serão colônias, mas todas operam em um ambiente muito menos hostil do que o e-cash. Aqueles que sobreviverem não o conseguirão porque mataram os já estabelecidos e tentaram apropriar-se das suas terras, mas porque infectaram suas mentes com uma ideia e venderam-lhes as ferramentas para a tornar realidade. Para Chaum, o momento não era propício, mas havia outra razão para seu fracasso: ele subestimou o poder dos nativos no setor bancário. Ele não conseguiu assinar um grande negócio porque desdenhou quando a Microsoft lhe ofereceu 180 milhões de dólares e a chance de capturar o mercado mundial de computadores do dia para a noite. Colonos inteligentes, mesmo que se sintam superiores, sabem quando devem ranger os dentes e ceder; têm de compreender as suas fraquezas e o potencial de longo prazo das parcerias.

Interrompendo o disruptor — como o próprio blockchain pode tornar-se obsoleto

Os muitos autores e autoproclamados especialistas que escrevem entusiasticamente sobre os benefícios do blockchain muitas vezes não reconhecem suas fraquezas. Até agora, analisamos dois grandes obstáculos que impedem os blockchains de dominarem o mercado: a escalabilidade e o consumo de energia. No Capítulo 2, veremos como uma configuração tecnológica diferente poderia remediar essas deficiências. Outros bloqueios, porém, só podem ser removidos com o passar do tempo. Mesmo os adeptos sinceros do blockchain (como Tapscott e Tapscott, 2016) admitem que a tecnologia ainda não está pronta para o horário nobre. Entre outras restrições, dizem, falta-lhe "a *capacidade transacional*", o que significa que, se fosse implantado em larga escala, seria provável que houvesse bugs e falhas do sistema. A infraestrutura também não está pronta; a liquidez das criptomoedas é insuficiente para lidar com uma grande onda de usuários — e, sem as loucas impressoras de dinheiro dos pesadelos da Satoshi, ela vai ficar assim por muito tempo. No caso do bitcoin, para sempre. Por padrão, o mecanismo de mineração desacelera e será interrompido por volta do ano 2140.

Outro problema potencial que precisa ser resolvido é o fato de, atualmente, não ser muito fácil utilizar as interfaces de usuário e de ainda ser necessário desenvolver novas e melhores carteiras. A falta de conhecimento sobre onde obter e como usar moedas digitais, bem como a complexidade das questões de segurança criptografada, também estão impedindo que a tecnologia se torne popular. Para a maioria dos blockchains atuais, os usuários precisam de chaves privadas para acessar seu dinheiro, e mantê-las seguras é fundamental, porque toda a tecnologia depende da criptografia de chaves públicas. Esse é um dos grandes riscos operacionais, porque, quando um usuário esquece ou perde sua chave, o valor que possui no blockchain nunca poderá ser recuperado. Não existe um mecanismo de recuperação de senha (PETERS; CHAPELLE; PANAYI, 2014) nem a propriedade da conta pode ser comprovada por um cartão de identificação ou uma impressão digital; saber a chave certa é a única prova de propriedade. Não estamos falando de um código PIN de quatro dígitos; perder a chave é, na verdade, um cenário muito provável, dado que o código é um endereço público alfanumérico de 32 caracteres. Existem outros problemas potenciais; por exemplo, se você descobrir que a chave foi roubada, não há, atualmente, um meio de bloquear o dinheiro. Também não é possível alterar a chave; você teria que criar uma nova conta e transferir todo seu dinheiro para obter uma nova senha. Além disso, as pessoas ainda não desenvolveram hábitos viáveis para garantir seus bens digitais. Você se lembraria de fazer um backup contínuo dos seus dados financeiros em um disco rígido externo? Quantas vezes você já usou a função de redefinição de senhas? Em comparação com outros desafios, esses são problemas que podem ser resolvidos com bastante facilidade. Empresas como a Circle Internet Financial e a Xapo já estão desenvolvendo carteiras de fácil utilização, nas quais a digitação da chave de 32 caracteres não é necessária para cada transação. Essas empresas procuram dominar o front-end com uma interface intuitiva e fácil de usar.

Os consumidores também podem ter dificuldades quando se trata de determinar o valor de uma nova moeda, como o bitcoin, e será necessária uma mudança significativa de mentalidade para que eles possam fazer isso com tranquilidade. Você saberia dizer se 0,2267 bitcoins para comprar uma bicicleta é um bom negócio ou não? Cada bitcoin é divisível em até oito casas decimais, então mesmo os melhores matemáticos precisarão de uma calculadora. É provável que, antes de compreender prontamente o valor do bitcoin, a maioria dos clientes precisará, por algum tempo, converter tudo em dólares, euros ou qualquer outra moeda que eles conheçam.

A privacidade é outro tópico importante, apesar do pseudoanonimato. É possível — mas apenas com um grande esforço — descobrir as identidades reais sob cada pseudônimo. No Capítulo 2, veremos o caso da Silk Road, que comprova meu argumento. Essa ideia não só é assustadora para os utilizadores de bitcoins, como também vai de encontro à atual regulamentação. Na União Europeia, todos os cidadãos têm o direito de serem esquecidos. A Comissão Europeia legislou no Regulamento Geral sobre a Privacidade dos Dados que todas as pessoas têm o direito de ter seu histórico da internet apagado (Comissão Europeia, Lda.). Mas, uma vez que seu nome aparece no ledger imutável de um blockchain de acesso aberto, ele estará lá para sempre. Mesmo que as transações sejam estornadas, elas ainda podem ser vistas. Pressionados por soluções, os entusiastas do blockchain não têm uma saída possível para esse dilema. Tapscott e Tapscott (2016) argumentam que esse direito não deve se aplicar às empresas, porque elas "têm responsabilidades que acompanham sua licença para operar". Esse nível de transparência é, no entanto, bastante idealista e prejudicaria todas as transações das empresas privadas. Isso significaria que as empresas poderiam rastrear cada transação de seus concorrentes, fornecedores e clientes. Seria um caos. Além disso, nunca seria possível utilizar a rede bitcoin apenas para empresas, uma vez que estas também interagem com cidadãos privados, para os quais não se pode renunciar ao direito ao esquecimento.

A ameaça mais séria à tecnologia blockchain, no entanto, não está nas próprias deficiências, mas em outra tecnologia inovadora: a computação quântica. A computação digital atual trabalha com transistores e a oposição binária 0-1. Cada fragmento de dados tem de ser codificado como zero ou um. O resultado da codificação é o que conhecemos como um bit. A computação quântica, por outro lado, depende dos chamados bits quânticos, ou qubit, que consistem em muito mais informação do que os bits. Usando a mecânica quântica, o bit quântico não precisa ser codificado como zero ou um, ele pode estar em ambos os estados ao mesmo tempo. Parece impressionante? E é. Mas é igualmente assustador. Essa nova geração de computadores oferecerá uma velocidade de computação sem precedentes e não só ameaçará o blockchain, mas toda a infraestrutura criptografada do mundo. Ao ser capaz de executar mecanismos de tentativa e erro extremamente rápidos, poderia facilmente quebrar códigos criptografados (FRANCO, 2014). Um grande cisne negro. Como discutimos na Introdução, a criptografia assimétrica, ou PKI, é a base sobre a qual é construída toda forma de comunicação criptografada amplamente utilizada. Cartões inteligentes, e-mails assinados digitalmente, VPNs, firewalls — é só escolher. Tudo isso está em jogo com a tecnologia quântica. Imaginemos que o pior cenário possa ser evitado e que os governos consigam impor uma regulamentação que proíba a decriptação da comunicação PKI. Vamos também imaginar que eles consigam fazer isso antes que os programadores desonestos se apoderem das novas ferramentas. Vamos ainda mais longe e imaginemos que controle e monitoramento de mecanismos sejam acionados a tempo. Esse é um cenário com muitos "se", mas

A computação quântica poderia facilmente quebrar códigos criptografados.

considere o seguinte: mesmo após essa sequência de eventos, os computadores quânticos *ainda* podem quebrar as criptomoedas. Pelo menos aqueles que trabalham com o mecanismo de prova de trabalho. Com supercomputadores à mão, minerar novos bitcoins será tão fácil que todo o sistema poderá entrar em colapso. É claro que as chances seriam igualmente niveladas se todos os mineradores tivessem acesso aos computadores quânticos, mas os primeiros a comprá-los poderiam causar estragos alterando o ledger anterior e impondo sua versão da verdade da história. Uma autoridade centralizada poderia compensar essa ameaça iminente, mas a própria ideia dela faria com que a maioria dos fanáticos do blockchain recuassem. Se você tem uma rede limitada de nós, controlada por uma entidade, a nova geração de computadores pode de fato causar um salto quântico. Todos os nós poderiam ser atualizados simultaneamente e motivos egoístas seriam descartados.

Ainda não é uma nova internet

Seja qual for a sua opinião sobre o blockchain — entusiasmado com suas capacidades ou nervoso com as coisas que ainda não foram resolvidas —, você provavelmente concorda que ele terá um impacto significativo na sociedade e na economia. Do contrário, nem teria comprado este livro. Experimente o seguinte: você consegue pensar em um adjetivo adequado que, para você, descreva "tecnologia" no contexto do blockchain? Se "disruptivo" vier à mente, você não está sozinho. Dificilmente há um artigo sobre blockchain, acadêmico ou popular, que não se refira a ele como "disruptivo". Então, o que se entende por disruptivo, e quão disruptivo é?

O termo "tecnologia disruptiva" foi cunhado pelo professor de Harvard Clay Christensen em seu livro *O Dilema da Inovação* (1997). Provou ser um conceito contagioso, e a palavra tem usada excessivamente em todo o mundo desde então. Escritores e gestores gurus se deliciaram com a ideia sensacionalista de que as estruturas existentes estão enlouquecidas, ao passo que dificilmente existe uma indústria para a qual os mais catastróficos não tenham previsto tempos turbulentos à frente. No entanto, prever se uma tecnologia será disruptiva é difícil, quase impossível. O blockchain é um fenômeno muito recente e, apesar do hype, até agora os operadores atuais não estão hesitando; eles ainda nem sequer começaram a sentir suas posições dominantes desaparecerem (isto é, com exceção das notícias). Para prever se uma nova tecnologia interromperá a ordem existente, é preciso prever duas coisas: as dimensões de desempenho que serão importantes para o mercado no futuro e como a nova tecnologia será capaz de cumpri-las (DANNEELS, 2004). Infelizmente, isso é o mais próximo que o trabalho inovador de Christensen consegue definir sobre o que ele quer dizer com inovação disruptiva. Essa falta de rigidez pode ser exatamente o que deu ao conceito sua enorme popularidade, mas também é responsável pela proliferação de artigos desde então.

Há muitas interpretações diferentes da palavra "disruptivo"; a maioria delas estabelece implicitamente uma distinção entre tecnologias que aumentam e tecnologias que destroem competências (TUSHMAN; ANDERSON, 1986). As tecnologias disruptivas, como o blockchain, estão na última categoria, pois destroem ou tornam obsoletos os investimentos dos operadores estabelecidos. A linha geral de pensamento é que as novas empresas introduzem esse tipo de tecnologia, enquanto as empresas estabelecidas trabalham em tecnologias de reforço de competências — o que normalmente significa formas mais rápidas e mais eficientes de fazer o que sempre fizeram, por exemplo, um fabricante de computadores portáteis que oferece um disco rígido maior pelo mesmo preço. As empresas atuais ajustam a tecnologia existente, mas moribunda. Não funciona assim para o blockchain nem para a maior parte da história, conforme veremos no Capítulo 4.

Por isso, defino uma tecnologia como disruptiva quando altera as linhas em que as empresas competem e criam uma vantagem competitiva (DANNEELS, 2004). Consequentemente, para o blockchain ser considerado uma tecnologia disruptiva, dependerá da área em que é empregado. Vamos usar as transações monetárias como exemplo para ilustrar isso. Até a presente data, a única medida de desempenho real que determina se alguém abriu uma conta em um determinado banco é a acessibilidade, e a proximidade geográfica das agências costumava ser um fator decisivo. Os pais influenciariam a decisão dos filhos ao levá-los à agência local para abrir sua primeira conta bancária. Os filhos não tendem a questionar isso nem a analisar os termos e as condições dos diferentes bancos; querem apenas uma conta para ter acesso ao salário do primeiro emprego. Esse primeiro passo, geralmente, leva a uma conta poupança, um cartão de débito, uma hipoteca, um empréstimo, um cartão de crédito e talvez até um ou dois produtos de investimento, tudo no mesmo banco. A inércia humana é tão poderosa que é raro que alguém tenha mais do que um fornecedor para esses serviços. Segundo o governo dos EUA, menos de cinquenta por cento das pessoas fazem mais de uma cotação para hipotecar a casa — talvez o maior investimento da sua vida (KULAEV, 2015). Apesar do crescimento da internet e da facilidade dos sites de comparação, as diferenças entre as ofertas são muitas vezes tão pequenas que os clientes não querem se incomodar pesquisando por aí com isso.

No entanto, muitas vezes os clientes não têm escolha, como os que moram em um local remoto com apenas um prestador de serviços ou se a plataforma que estão utilizando os obriga a trabalhar com uma determinada empresa. Nos Estados Unidos, os pagamentos internacionais com o Airbnb, por exemplo, têm de passar pela Western Union. Se você é dependente do uso de sistemas de transferência de dinheiro em particular, azar seu. Ou você aceita as taxas e condições ou você não vai movimentar seu dinheiro pelo mundo. Em muitas regiões, como as Filipinas, há poucos provedores tradicionais de transferências internacionais de dinheiro (TAPSCOTT; TAPSCOTT, 2016). Ironicamente, esses são frequentemente os mercados que mais dependem das remessas enviadas pelas diásporas. Nessas regiões, a mera existência de ofertas em blockchain trará uma série de novas dimensões para a competição, e aqueles que atualmente monopolizam os mercados terão que se preocupar com os custos e o nível de serviço que estão oferecendo.

No Ocidente, o blockchain pode reduzir os custos e o tempo de processamento de forma tão significativa que a falta de ofertas pode atrair a atenção dos clientes. Há também a segurança reforçada e o fato de ser à prova de adulteração. No entanto, a segurança, por si só, não permitirá que o blockchain ganhe vantagem competitiva. Para que os bancos possam manter a licença de funcionamento, devem garantir a segurança do dinheiro dos clientes. Teoricamente, como cliente, não tenho de prestar atenção à forma como meu banco protege sua base de dados ou mesmo se alguém pirateia minha conta. Competir em segurança só faz sentido no âmbito business-to-business (B2B), quando os bancos escolhem seu provedor de back-end, mas o back-end não é o lugar onde os proponentes do blockchain querem padecer.

Então o blockchain traz novos e diferentes atributos, e o potencial disruptivo certamente existe. Mas e o histórico reconhecidamente curto? Podemos estabelecer paralelos com outras inovações disruptivas? Sim, podemos. O blockchain exibe características típicas de uma tecnologia disruptiva em estágio inicial. No início, as tecnologias disruptivas ficam atrás das tecnologias estabelecidas no serviço ao mercado mainstream, já que normalmente os produtos baseados na nova tecnologia apenas atraem um nicho de mercado e as dimensões de desempenho em que os produtos disruptivos se destacam não atendem aos critérios de compra do mercado mainstream. Assim, as empresas estabelecidas concentram seus recursos no ajuste da tecnologia existente (DANNEELS, 2004). Os usuários de bitcoins têm hoje uma atração natural pelo valor criptografado e pelo risco. Muitos usam blockchains não por causa da capacidade de pagamento, mas como um investimento, e, ao fazer isso, embarcam na montanha-russa do bitcoin. Outros ainda o fazem pelo pseudoanonimato — infelizmente, ainda hoje o bitcoin é impulsionado, em grande parte, por ações ilícitas. Mas, independentemente dos motivos, todos os usuários investem muito tempo pesquisando produtos, moedas e mecanismos por trás da tecnologia. O mercado de massa não está pronto para fazer o mesmo.

Assim, a trajetória do blockchain até agora se assemelha, de fato, a outra tecnologia inovadora do passado. No entanto, ser apenas uma inovação disruptiva e destruidora de competências não basta. Para os proponentes do blockchain, seu significado não pode ser superestimado, e *paradigma* é outro termo comumente usado em relação à sua importância. Essa é uma afirmação fácil de fazer, mas há alguma verdade nela? Vamos ver as evidências. Os chamados paradigmas tecnoeconômicos foram definidos pela primeira vez em 1982 por um economista inglês chamado Christopher Freeman (1982; 1987; FREEMAN; PEREZ, 1988). Freeman analisou meticulosamente mudanças técnicas influentes ao longo da história humana e propôs uma taxonomia que culmina no paradigma técnico econômico. Ele distingue quatro categorias de progresso:

- inovação incremental;
- inovação radical;
- mudanças nos sistemas tecnológicos;
- mudanças no paradigma tecnicoeconômico.

Essas categorias diferem em intensidade e impacto nas economias e nos mercados. Eventualmente, elas determinam quais estratégias as empresas precisam selecionar para competir com sucesso. É crucial compreender se o blockchain representa realmente uma mudança paradigmática ou em outro nível na taxonomia.

A inovação incremental é a forma mais simples de progresso. Ajusta os processos do paradigma atual, mas não muda o jogo por completo. Ela apenas torna os processos atuais mais eficientes. Enquanto no início de um novo paradigma a inovação incremental geralmente causa um enorme impacto, ela desacelera todas as outras rodadas de incrementos. Para que o novo paradigma surja, é necessário uma série de inovações radicais. A poderosa inovação radical ao mesmo tempo também pode representar a infraestrutura do novo paradigma. A internet é o melhor exemplo. Além de ser uma infraestrutura que permitiu o surgimento do paradigma digital, a internet foi uma inovação radical que alimentou o surgimento de uma série de indústrias adjacentes e inter-relacionadas. Da mesma forma, o blockchain pode ser definido como inovação radical. Ele provocou o surgimento de numerosas indústrias, como desenvolvimento e consultoria de (apps) blockchain, para citar apenas algumas. Juntas, essas indústrias constroem sistemas tecnológicos, que são os componentes de uma revolução tecnológica. Elas se sobrepõem e impactam os mercados da outra. Acima de tudo, determinam o caminho da inovação futura (PEREZ, 2009).

Então, o que diferencia o blockchain da inovação anterior, a fintech? Afinal, houve inovação no setor de pagamentos, alegando levar as finanças para o mundo digital. O PayPal é o melhor exemplo disso. Fundado apenas em 1998, sua avaliação de mercado superou a da American Express, uma gigante que foi pioneira no negócio de cartões de crédito. O mais impressionante não é que ele toma o lugar de uma empresa de pagamentos pela internet e supera uma empresa já existente em termos de valor, mas que o faz enquanto seus ganhos e receitas são apenas uma fração do concorrente (THE ECONOMIST, 2017). Isso mostra as expectativas dos investidores. Eles acreditam que o PayPal tem um futuro brilhante na Era Digital. Então isso significa que é um sistema tecnológico no modelo de Freeman? Não. O PayPal não representa nem uma nova moeda nem um novo sistema de pagamento, mas se baseia na infraestrutura existente. Não provoca a ascensão de outras indústrias nem tem qualquer influência no desenvolvimento tecnológico futuro. Não há nenhuma inovação radical. O mesmo vale para Apple Pay e Google Wallet. Todos eles ainda precisam das contas bancárias e dos cartões de crédito dos usuários e apenas fornecem uma nova interface enquanto trabalham com sistemas estabelecidos em segundo plano. Nesse aspecto, o blockchain é muito mais significativo, pois não se baseia em uma infraestrutura de pagamento atual e tem potencial para influenciar muitos setores para além dos pagamentos e das transações. Portanto, embora não se qualifique como revolução tecnológica ou paradigma, merece o rótulo de inovação radical e dá origem a sistemas tecnológicos. Para os operadores já estabelecidos, as implicações são claras: eles precisam reagir mais fortemente do que reagiram ao PayPal ou ao Apple Pay.

Com a ajuda dessas infraestruturas e da inovação radical, as novas tecnologias difundem-se e o paradigma tecnoeconômico desdobra-se, alterando a economia e até mesmo as estruturas socioinstitucionais. Quanto mais tecnologias existirem dentro de um paradigma, maior e mais rápido será seu impacto. Uma série de descobertas radicais pode agregar-se e resultar em tecnologias interdependentes. Veja a transição mais recente e contínua: ela começou em torno de microprocessadores, continuou com computadores pessoais, software, telecomunicações e internet, cada um abrindo a própria trajetória de sistema. Cada uma dessas inovações radicais abriu filiais de operadoras e novas infraestruturas que compõem a revolução tecnológica (PEREZ, 2009). Esses transportam ou manuseiam o recurso mais crucial desta era: os dados. Os dados substituíram o petróleo como a mercadoria mais preciosa do mundo. BPs e Shells não estão mais no topo dos gráficos de receitas e capitalizações de mercado — elas foram substituídas por Googles e Amazons. As cinco empresas mais valiosas do mundo são coletoras de dados (KIESNOSKI, 2017). O blockchain pode, assim, ser visto como uma infraestrutura. Isso permite que a Revolução Digital alcance ainda mais indústrias, assim como a internet ou os sistemas de correio fizeram, ou como as estradas para transporte fizeram na Revolução da Produção em Massa. Embora o setor bancário tenha evoluído de acordo com o modelo dos ledgers eletrônicos ou de bancos digitais, a lógica subjacente baseada em papel persiste até hoje (ALI *et al.*, 2014). O blockchain pode impulsionar o sistema bancário por meio da transformação digital. Portanto, nunca pode ser um paradigma por si só, mas um sistema de tecnologia que carrega o paradigma digital atual; como uma agência transportadora, traz a digitalização para os bancos. É um excelente exemplo de um catalisador.

Os avanços radicais são um dos motores da expansão de um paradigma tecnoeconômico, outro é a estrutura de custos relativos (PEREZ, 2009). Uma das maiores promessas do blockchain é cortar os custos para os bancos — de quinze a vinte bilhões de dólares por ano a partir de 2022, para ser mais preciso (SANTANDER INNOVENTURES; OLIVER WYMAN; ANTHEMIS, 2015). Assim como a água barata foi a chave para alimentar a ascensão da Revolução Industrial, o blockchain oferece a chave da *confiança barata*, o que significa que a maior parte das despesas gerais atualmente utilizadas para eliminar o problema do duplo gasto torna-se obsoleta. O petróleo é inútil sem refinarias. Os dados são inúteis sem confiança. A confiança atribuída ao blockchain preenche todos os critérios-chave para uma revolução tecnológica, entre os quais se encontram: inesgotabilidade, permeabilidade total da aplicação e aumento de potência com redução de custos (PEREZ, 2009). Com a configuração da maioria dos blockchains atuais, a confiança ainda não é barata, mas, como veremos no Capítulo 2, a centralização de blockchains seria capaz de colocá-la lá muito em breve. Alguns dos comentaristas mais modestos não veem o blockchain como um paradigma, mas muitos (p. ex., SWAN, 2015) afirmam que ele é a segunda internet, igual em importância à primeira. Ambos são inovações radicais e disruptivas. Esses comentaristas apontam para os níveis de investimento paralelos para apoiar suas afirmações e, de fato, com o capital de risco aproximando-se dos 350 milhões de dólares em 2014 e quase um bilhão de dólares em 2015, estamos falando de montantes semelhantes aos que se verificaram pouco depois da criação da internet (SKINNER, 2016). No entanto, fazer somente esse paralelo nos leva a um erro. Tenha em mente a trajetória do paradigma digital: quanto mais cedo vierem as inovações, mais difícil para eles será levantar capital. Além disso, o tempo para comercializar inovações iniciais é mais longo. Quanto mais o paradigma se instala, mais fácil se torna convencer os inves-

O blockchain oferece a chave da confiança barata.

tidores, encontrar funcionários qualificados e utilizar a infraestrutura existente. Isso explica por que, apesar de níveis de investimento semelhantes, o impacto do aumento do blockchain não pode ser comparado com o da internet. Cada paradigma tecnoeconômico em um ponto torna-se dominante e inquestionável, enviesando o contexto em direção a ele (PEREZ, 2009). Os blockchains operam no paradigma digital já estabelecido. Isso é uma diferença em peso, mas há também uma diferença fundamental no tipo. A internet emergiu como a inovação mais impactante do paradigma digital porque era aberta. Cada nó pode mudar o sistema. Isso resultou na explosão de conteúdo, que puxou ainda mais usuários para ele e, eventualmente, espiralou em direção ao infinito. O blockchain sempre exigirá consenso, independentemente de você limitar ou abrir o número de nós. Essa é a própria natureza de uma máquina de confiança, mas vai tornar as redes mais rígidas e dificultar a penetração. Não é correto chamar de "internet do dinheiro". A rede está aberta, mas os nós só podem agir coletivamente. Pior ainda: eles só podem agir *como um todo*. Os nós não têm o poder criativo que têm na internet, mas apenas o papel destrutivo de negar ou conceder consenso. Portanto, o blockchain é, por concepção, diferente da internet. As implicações para os designers de rede são simples: torná-lo tão eficiente quanto possível, não tão aberto quanto possível. Só quando as empresas compreenderem isso é que conseguirão desbloquear o verdadeiro potencial dos blockchains. Infelizmente, eles estão enfrentando um firewall de defensores da internet.

CAPÍTULO DOIS

Uma fantasia liberal na mais regulamentada das indústrias

Mito: "Os blockchains abertos, não os fechados, darão força à economia de amanhã."

Uma batalha política travada na arena tecnológica

Em setembro de 2017, Jamie Dimon (de quem já falamos na Introdução) abalou novamente a comunidade do blockchain, mas desta vez com um surto negativo sem precedentes. Ele declarou que o bitcoin não tem futuro, que é uma "fraude" e que era "pior que os botões de tulipas". Qualquer empregado que negocie bitcoin, na sua opinião, merecia ser demitido por ser "estúpido" (SON, LEVITT e Louis, 2017). Ao mesmo tempo, a China proibiu as ICOs, declarou ilegais as transações de bitcoin, fechou as trocas de bitcoin e impediu seus cidadãos de usarem as trocas estrangeiras. A Grande Muralha de Fogo da China bloqueou não só a venda comercial, mas também o comércio peer-to-peer. A especulação financeira no mercado tinha se tornado um passivo; alguns comerciantes estavam até apostando contra o yuan. As medidas da China baixaram o preço do bitcoin temporariamente em quarenta por cento e expuseram as graves vulnerabilidades da moeda. Mas as ações do governo chinês enfureceram mais os fanáticos por bitcoin do que a declaração de Dimon? Isso é o que deveria ter acontecido, mas não foi. O comentário de Dimon causou uma reação visceral; a decepção apareceu, particularmente no domínio das mídias sociais não filtradas. Os derrotistas proclamaram que o bitcoin estava prestes a dar um golpe fatal no sistema bancário e uma série de acusações contra a JP Morgan Chase e o próprio Dimon apareceu em posts do LinkedIn naquela ocasião. O tsunami persistiu durante dias.

Essa explosão é sintomática de uma profunda fenda ideológica no centro da controvérsia do blockchain. Em um canto estão os partidários do mundo bancário e de pagamentos, no outro, uma aliança incomum de evangelistas da criptografia, anarcoliberais, empresários e fraudadores que estão prontos para a disrupção. Na maioria das áreas de mudança tecnológica existem tensões semelhantes, mas com o blockchain as divisões ideológicas parecem intratáveis. Os fanáticos antibancários que mais frequentemente vêm da esquerda política veem as instituições financeiras — e os governos — como manipuladas. Na opinião deles, todo o sistema é construído de uma forma que explora todos os que não fazem parte da elite gananciosa. Essa retórica, porém, é agora banal, então os fanáticos transformaram a objeção de ideológica em técnica: abrir a verificação das transações ou fechá-las sob o controle de alguém.

Dimon não estava demonizando o blockchain. Ele não falou para JP Morgan Chase abandonar suas iniciativas de blockchain. Ele apenas disse que o bitcoin não será o aplicativo que vai mudar o mundo financeiro; você não precisa ser um gênio para chegar a essa conclusão. O consumo de energia é insustentável, a escala necessária, inalcançável, a usabilidade, terrível, e a regulação, uma coisa a ser contornada de início. É de admirar, então, que muitos praticantes a dispensem completamente? Há, no entanto, outro lado da história que raramente é contado. De fato, seria realmente possível manter a agilidade e robustez dos ledgers distribuídos sem ter o peso de dezenas de milhares de nós.

Deixe-me explicar como funcionaria. Existem duas grandes configurações de blockchain: uma centralizada (ou "fechada") e outra descentralizada ("aberta"). Eu admito que é confuso falar sobre a tecnologia de ledger distribuído que é centralizado. Mas distribuídos e descentralizados são coisas diferentes. Em um sistema distribuído, existem vários nós que atualizam o ledger — a própria natureza do blockchain. Descentralizado, por outro lado, significa que *nenhum nó tem privilégio* sobre os outros pelo algoritmo. Logo, também pode haver um sistema de blockchain distribuído no qual alguns nós recebem mais peso do que outros — aqueles são blockchains centralizados, mas ainda assim distribuídos.[1] O bitcoin é um blockchain descentralizado no qual todos podem participar da verificação das transações e cada nó carrega o mesmo peso, mas apenas os nós escolhidos podem votar. Às vezes, os comentaristas confundem a distinção de blockchains privados *versus* públicos com a justaposição de blockchains centralizados *versus* descentralizados. Na maioria dos casos, esses blockchains privados e centralizados se sobrepõem e vice-versa, mas, estritamente falando, centralizados significa apenas que os nós de verificação são determinados por uma autoridade central. O proprietário do blockchain decide quantos e quais dispositivos dividem todo o poder de decisão entre eles. Público *versus* privado define se há restrições de quem pode ler e apresentar transações para verificação (PETERS; PANAYI, 2015).

Então, por que a distinção entre centralizado e descentralizado é tão importante? Que diferença faz se eu tiver dez nós de verificação predefinidos ou dez mil com seus números crescendo todos os dias? Como isso se encaixa na guerra ideológica? Os blockchains centralizados podem resolver muitos dos pontos fracos associados aos aplicativos descentralizados atualmente dominantes. Uma dessas fraquezas é a baixa latência, o que significa que a compensação e liquidação das transações demora muito tempo. O tempo médio de confirmação com o bitcoin é de dez minutos, o que impossibilita a utilização para coisas como negociação de ativos ou mesmo para pagamentos de qualquer importância. Procurar o consenso de milhares de nós desconhecidos simplesmente não é eficiente. Blockchains selados, por outro lado, têm tempo de latência de segundos. O consumo de energia também é mais eficiente, pois não é mais necessário exércitos de mineradores queimando gigawatts para criar confiança. Os blockchains centralizados são muito mais rápidos e mais eficientes em termos de consumo de energia porque, no início, os nós confiáveis são privilegiados para que você não precise criar confiança em uma rede de nós desconhecidos por mecanismos como prova de trabalho. Ao mesmo tempo, os blockchains centralizados dão flexibilidade ao proprietário, porque permitem que você reescreva as regras do sistema. Eles também reduzem a probabilidade de um ataque hostil, uma vez que o banco conhece todos os nós de decisão e tem todos eles sob seu controle.

Manter o controle sobre os nós também tem uma vantagem legal, pois os proprietários podem implementar quantas verificações de identidade quiserem. Isso é obrigatório para qualquer titular de licença bancária. Para satisfazer o requisito de identificar seu cliente (KYC), o pseudônimo deve ser restringido e a identidade dos participantes deve ser verificada. A KYC torna obrigatório que os bancos conheçam as identidades reais, e não apenas digitais, das partes envolvidas na transação, em uma tentativa de ajudar a combater a lavagem de dinheiro e outras atividades ilegais. A prevenção do terrorismo é uma força motriz por trás da KYC, então nos Estados Unidos a legislação foi particularmente restringida após os ataques do 11 de Setembro — com a lei Patriot Act dos Estados Unidos, de 2001. Ter controle absoluto sobre os nós também é necessário para o direito de ser esquecido, pois só assim você pode garantir que mais de cinquenta por cento da rede votará para substituir as transações anteriores. Além disso, as transações em um blockchain descentralizado são irreversíveis de fato, enquanto em um centralizado o histórico do ledger pode ser alterado mais facilmente. Quando você considera o número de erros ou atividades fraudulentas que acontecem diariamente, esse recurso deve ser bem recebido.

Blockchains centralizados como a solução certeira

Podemos fazer uma pergunta mais geral: precisamos de alguma moeda criptografada para aproveitar o potencial da tecnologia blockchain ou ela pode ser usada para alimentar moedas fiduciárias? Depende do propósito. Uma área na qual o bitcoin e outras moedas criptografadas oferecem uma solução melhor do que as moedas fiduciárias é a dos micropagamentos. Cada bitcoin é divisível em até oito casas decimais, permitindo micropagamentos que não são possíveis com moedas normais. Mas, para a grande maioria dos casos, dólares ou euros poderiam ser transferidos através do blockchain, assim como o bitcoin. É claro que, no fundo, haveria uma ficha criptografada ligada ao dinheiro fiduciário, mas os clientes não precisariam saber disso. Todos os riscos cambiais e especulativos estariam ligados às moedas "reais" que são geridas pelos bancos centrais. Ainda mais importante, haveria uma rede de aceitação. Nesse momento, nem bitcoin nem qualquer outra moeda alternativa pode ser usada em lojas, além da deep web e de alguns projetos-piloto. Será sempre mais fácil gastar libras do que bitcoin. Não é necessário dizer que os seguidores de Satoshi Nakamoto estão irritados com essa ideia, mas no Japão — o próprio país de Nakamoto —, apenas, 61 bancos estão realizando testes com o Ripple, que supostamente reduz os custos em um terço e garante que as transferências internacionais sejam feitas no mesmo dia. Dois dos principais bancos sul-coreanos também estão envolvidos (NIKKEI, 2017). O Ripple é uma das principais moedas criptografadas e está continuamente entre as três primeiras em termos de capitalização de mercado. Ao contrário do bitcoin, ela pode alimen-

Precisamos de alguma moeda criptografada para aproveitar o potencial da tecnologia blockchain?

tar moedas fiduciárias e tem um sistema centralizado, o que a torna muito mais eficiente e controlável.

As instituições financeiras já estão adotando esta solução de combinar a tecnologia blockchain centralizada com moedas "reais" emitidas pelo Estado. Embora o blockchain tenha começado como uma tecnologia de código aberto, o Bank of America depositou e recebeu 43 patentes do blockchain. Das 1.045 patentes de blockchain depositadas no total, os bancos detêm uma em cada cinco. Depois das empresas específicas do blockchain, eles são o maior grupo de titulares de patentes (DECKER; SURANE, 2018).

O que os adversários pensam de tudo isso? A maioria dos disruptores do blockchain estão prontos para a briga contra essas cadeias "fechadas", com o argumento de que os blockchains centralizados minam a ideia do fundador da tecnologia, que procurou empoderar a rede, e não os poucos privilegiados. Eles consideram a digitalização como inseparável do código aberto. Para eles, o bitcoin é o porta-bandeira, a incorporação desses princípios. É por isso que o comentário de Jamie Dimon pisou no calo. Depreciar o bitcoin é, a seus olhos, pior do que depreciar toda a ideia de blockchain. Aqueles que estão estabelecidos dominarão a energia e os reguladores ainda conseguirão o que querem. Pior: eles podem fornecer aos clientes um produto melhor.

Dos usuários de bitcoin, 44 por cento ainda afirmam ser "liberais ou anarcocapitalistas que apoiam a eliminação do Estado" (KHARIF, 2014). Os mais moderados aceitam os Estados-nação, mas estão cansados de instituições e empresas. Para eles, os blockchains centralizados provocam um momento de déjà-vu, transportando-os de volta para quando as massas obtiveram acesso à internet. Foi uma época de entusiasmo para os idealistas do código aberto, mas, em vez de os dados serem livremente acessíveis a todos, hoje são acumulados e explorados por cada vez menos corporações poderosas (TAPSCOTT; TAPSCOTT, 2016). No entanto, o argumento evoluiu do altruísmo para o pessimismo. Com blockchains fechados, eles preveem que a adoção do usuário final será dificultada porque os blockchains privados carecem de efeitos de rede, invocando a analogia com a distinção intranet/internet para ilustrar seu ponto de vista. Os blockchains descentralizados são comparados à internet e os centralizados, à intranet. Os descentralizados potencialmente conectariam todas as pessoas no planeta por causa de sua abertura, assim como a internet (por exemplo, HILEMAN, 2016). Os centralizados apenas ligam um grupo limitado de pessoas e ficam, assim, desprovidos de qualquer potencial de mudança no statu quo. Essa pode ser uma comparação cativante, mas não funciona. O blockchain não é um produto, mas um mecanismo secundário. Se for padronizado, pode ser conectado à rede financeira como o SWIFT — o oposto de uma intranet. Os defensores desse ponto de vista têm um problema com as instituições gestoras, mas o paralelo com a internet não pode ser moldado para se adequar de forma convincente a seu argumento.

De sacerdotes a diretrizes de pagamento — uma breve história do imperativo institucional do dinheiro

Embora a comparação com a internet seja imperfeita, os entusiastas liberais do blockchain esquecem com muita facilidade de um verdadeiro paralelo: que nem mesmo a internet pode prescindir das instituições. Sem a administração de instituições como a Internet Corporation for Assigned Names and Numbers (ICANN), não haveria maneira de assegurar a necessária interoperabilidade. Alguém tem de se certificar de que os nomes de domínio e os endereços IP não sejam atribuídos duas vezes. Outras agências (em grande parte do Departamento de Comércio dos EUA) também têm voz: o Internet Architecture Board, o Internet Governance Forum e a Internet Society — e a lista continua.

Para o dinheiro, a necessidade inerente de ser regulado é ainda mais pronunciada do que para um meio de comunicação. Assim como o capital alimenta o crescimento econômico, também pode permitir atividades ilegais e amorais, como a lavagem de dinheiro e o terrorismo. Pode fomentar economias escusas que sugam o sangue vital do sistema legítimo, e sua má gestão pode lançar a economia mundial inteira em anos e décadas de depressão, tal como na década de 1930. Mas o que é exatamente o dinheiro? Claro, são as moedas e notas que carregamos. São as linhas das nossas contas bancárias eletrônicas. Mas, no fim das contas, a maior parte é simplesmente uma entrada em um livro-razão digital. Apenas cinco trilhões de dólares — ou seja, 6,2 por cento do dinheiro em circulação — tem uma manifestação física em moedas ou notas (DESJARDINS, 2015). Revelações como essas levaram os liberais a concluir que o dinheiro não precisa de um governo, que todos os bens materiais do mundo são um recorde de dívida, que a troca de peles ou alimentos é igual ao papel e, por extensão, os tokens digitais e as moedas criptografadas (SKINNER, 2016).

Essa visão é falha em vários níveis. As instituições são necessárias para salvaguardar o valor e a permutabilidade do dinheiro. Se alguém me deve dois quilos de peixe, não posso usá-lo para comprar dez tijolos para construir a minha casa, pois teria que negociar o valor do peixe todas as vezes e com todo mundo. Isso é permuta e está cheio de ineficiências. Além disso, o peixe não mantém seu valor. Em três dias começará a cheirar mal e seu valor desaparecerá para sempre. O dinheiro, por outro lado, permite transações comerciais em longas distâncias ou período de tempo. Suas unidades transcendem os produtos, e é fácil calcular com ele. É muito difícil, idealmente impossível, forjar. Não é coincidência que metais raros como ouro ou prata tenham sido amplamente utilizados como meios de pagamento ao longo da história, começando em 600 a.C. perto do Templo de Ártemis, em Éfeso. Não foram apenas as pessoas do Mediterrâneo que arranjaram dinheiro sob essa forma. Por volta de 221 a.C., a primeira moeda padronizada foi introduzida no outro lado do mundo, na China (FERGUSON, 2008). Todas essas moedas têm símbolos de autoridade estatal. Seja o imperador reinante de Roma, seja o soberano da China, foram os regentes que monopolizaram o poder de cunhar moedas. Para que o dinheiro fosse possível, esse poder tinha de ser centralizado e o dinheiro tinha de ser regulado. À medida que o sistema crescia, também crescia o poder dos gestores de dinheiro.

Até uma criança sabe que a invenção da palavra escrita foi um dos principais marcos da humanidade, mas a razão pela qual os humanos pegaram uma caneta (ou martelo e cinzel) pela primeira vez é menos conhecida. Não foi para escrever histórias ou filosofia, mas para registrar transações comerciais. Por volta de 5000 a.C. a 4000 a.C., na antiga Mesopotâmia, fichas de barro eram usadas como uma forma primitiva de escrituração contabilística na qual as transações eram registradas (NISSEN; DAMEROW; ENGLUND, 1993). Isso formou a base do dinheiro, embora essa invenção não tenha se desenvolvido da noite para o dia. Mil anos mais tarde, por volta de 3000 a.C., os padres babilônicos da antiga Suméria inventaram uma moeda chamada shekel. Foi um sinal que os agricultores receberam por contribuírem com trigo para o templo (SKINNER, 2016). Tal como os imperadores nas moedas, os sacerdotes eram uma autoridade central privilegiada que administrava os fluxos de dinheiro, e, embora as pessoas de então não notassem isso, os símbolos de barro não teriam valido nada sem a promessa dos sacerdotes de "comprá-los de volta" pelo grão que tinham depositado.

Essa promessa também significava que as fichas de barro podiam ser entregues ou vendidas a outra pessoa. Como hoje, a dívida era transferível. Além disso, os agricultores podiam tirar grãos do templo em forma de empréstimo. Curiosamente, os babilônios de Hamurábi já estavam familiarizados com o conceito de juros (cobrança de até vinte por cento), bem como juros compostos (VAN DE MIEROOP, 1992). Não é coincidência que as civilizações antigas altamente desenvolvidas tenham sido as primeiras a ter instituições financeiras tão avançadas. A moeda e o crédito permitiram um crescimento rápido e outras descobertas tecnológicas, econômicas e sociais. Isso não quer dizer que você não poderia ter civilização sem dinheiro; o

As civilizações antigas altamente desenvolvidas foram as primeiras a ter instituições financeiras tão avançadas.

dinheiro era desconhecido para os habitantes da América do Sul. Os incas, por exemplo, utilizaram o trabalho como unidade de troca e, embora seja difícil provar a causalidade, não conseguiram desenvolver a escrita, a invenção que foi desencadeada pela contabilidade no outro lado do Atlântico. Enquanto a civilização inca avançava, faltavam-lhe esses catalisadores que a tornaria competitiva em relação às congêneres europeias. Quando o espanhol Francisco Pizarro veio com cavalos e navios de guerra com canhões, os incas não tiveram a menor chance. As tropas de Pizarro saquearam as cidades, esvaziaram as minas de ouro, introduziram o trabalho forçado e acabaram por aniquilar o outrora orgulhoso Império Inca, tudo em busca dos metais brilhantes do novo mundo.

Perdendo a fé no valor intrínseco do dinheiro

Os espanhóis tinham diligentemente desenterrado toneladas de ouro e prata, apenas para enviá-los de volta e descobrir que eles não podiam, de fato, ser usados para comprar as riquezas da Europa. Afogaram os mercados do continente em ouro e prata baratos e provocaram uma diminuição dramática do poder de compra. A inflação nasceu. Os espanhóis tiveram que aprender da pior maneira que os metais que eles pensavam que tinham um valor absoluto valiam apenas o que os outros estavam dispostos a pagar por eles. O que não compreenderam foi que o dinheiro não se tratava de um metal precioso, mas sim de crédito; um mal-entendido que acabaria por lhes custar a hegemonia na Europa. As nações inglesa e holandesa, particularmente propensas à inovação em termos de finanças, assumiram a liderança entre as nações marítimas da Europa (FERGUSON, 2008). Se eles tivessem instituições que conhecemos hoje, como um banco central, o metal raro poderia ter sido armazenado, sua circulação limitada e o valor administrado.

A ligação entre dinheiro e confiança institucional torna-se ainda mais clara com um desenvolvimento posterior, as cédulas. No século XVII, a China tornou-se a primeira nação a introduzir pedaços de papel sem valor intrínseco, mas que funcionavam tão bem quanto as moedas. A razão: confiança no Imperador. No mundo inteiro, a ligação entre dinheiro e ouro era tão forte que, mesmo nos tempos vitorianos, a crença de que o papel tinha um valor só porque representava e dava acesso a metais raros persistia. Esse era o "padrão-ouro". Na realidade, até mesmo o valor do ouro só é sustentado pela promessa de que alguém vai trocar bens ou serviços por ele no futuro. O meio portador é completamente irrelevante. Dinheiro e crédito são confiança — eles são a crença de que suas posses virtuais corresponderão às reais.

Dinheiro e crédito são confiança — eles são a crença de que suas posses virtuais corresponderão às reais.

Em toda a história, o dinheiro terrestre tem sido continuamente associado ao celestial — seja a imagem de Ishtar no Shekel ou de Atena na Grécia antiga. A moeda mais poderosa da história tira a dúvida do portador com relação a em quem confiar: não no FED, mas no próprio Deus. Isso foi adotado como lema nacional dos Estados Unidos e mostra como a nação norte-americana e sua moeda estão inextricavelmente ligadas à crença em Deus: sem Deus, não há Estados Unidos, e, sem os Estados Unidos, o dólar perde seu valor. A percepção liberal de que o sistema financeiro é apenas um registro de dívida não permite esse componente de fé. O comércio representa uma transação imediata e completa; contas e bitcoins, por outro lado, não podem funcionar sem a crença de que o item que você recebe terá um valor previsível amanhã. Esse é o problema das aspirações monetárias do bitcoin. Se não for apoiado pelo governo, não há garantia de que será livremente negociável no futuro e, nesse sentido, *é* um registro de dívida.

Por que a melhor estrutura técnica ainda não consegue obliterar as instituições

No passado, as instituições em torno do dinheiro desenvolveram-se a partir de uma necessidade *técnica*. Alguém tinha de gerir o fluxo de fundos. No século XVI, na Europa, os ourives começaram a emitir documentos de reconhecimento de dívidas depois de receberem depósitos de ouro. Eles, assim como os primeiros bancos, só tinham acesso a livros de contabilidade guardados por eles próprios. Essencialmente, faltava-lhes uma liquidação interbancária, ou seja, se os clientes queriam pagar uma conta, tinham de verificar seus documentos e levar o dinheiro para outro banco, inventando, assim, o conceito de *interbancário*, o que permitiu que os bancos transferissem dinheiro diretamente entre si. Clientes e bancos economizaram tempo e isso reduziu o risco, pois você não poderia ser roubado enquanto transportava seu ouro de um banco para outro. Mas essa rede inicial consistia apenas em acordos bilaterais. Assim, foi inventada a solução do *banco de compensação*, em que um banco se localiza no centro e compensa as transações de toda a rede (GOODHART, 1988).

A infraestrutura técnica exige confiança, e esta é a parte que o blockchain pode revolucionar — é o motor para transações rápidas e seguras, uma máquina confiável. No entanto, a confiança que ele cria não deve ser confundida com a confiança que habilita os sistemas monetários. O blockchain garante que todas as transações sejam autênticas e que a cunhagem da moeda criptografada seja legítima. Pode combater a inflação limitando o número de unidades monetárias em circulação, ou ser pré-parametrizado da forma que o emissor da moeda deseje. Isso significaria que as regras que determinam quando deve ser emitida uma nova moeda poderiam ser estabelecidas antecipadamente. No entanto, esse apoio técnico não pode, por si só, prometer que haverá alguém para comprar de volta seu código alfanumérico, não pode ligar a moeda ao produto de uma economia nem pode conceder estabilidade. A história financeira nos ensinou que a falta de controle institucional pode ter consequências devastadoras. A grande depressão de 1929 nunca teria acontecido se não fosse a instabilidade causada pela falta de controle federal sobre os bancos. A Reserva Federal só foi criada em 1913 devido ao receio de haver excesso de alcance governamental. A ideia de bancos livres garantiu baixas barreiras de entrada e requisitos de capital, e as linhas estatais proibindo o surgimento de gigantes nacionais alimentaram a necessidade de bancos independentes em todos os cantos dos Estados Unidos. Seu número disparou de menos de doze mil em 1899 para mais de trinta mil em 1922. Muitos bancos subcapitalizados contribuíram para a pior crise financeira da história dos EUA e para a Grande Depressão (FERGUSON, 2008).

O crash revelou não apenas a conexão financeira da economia dos EUA, mas também a conexão global. A maioria dos bancos estava subcapitalizada e buscando ter de volta o dinheiro que tinham emprestado a outras instituições, o que teve um efeito de cadeia cataclísmico. Esse fato foi ainda mais evidenciado pela recessão desencadeada pelos acontecimentos de 2007. Esse evento deixou bem claro que cada sistema monetário precisa de um credor de último recurso para emprestar dinheiro aos bancos em crise e evitar o colapso do sistema. O papel dos bancos centrais na manutenção da liquidez dos bancos é pelo menos tão importante quanto a cunhagem de moedas e notas e a definição da política monetária. É preciso apenas um interveniente importante do ponto de vista sistêmico para ir à falência e colocar toda a economia em recessão durante décadas. Portanto, sim, o blockchain é uma tecnologia de mudança no statu quo que pode cortar o intermediário, mas haverá sempre um papel vital para os reguladores.

A inovação financeira e a ligação às descobertas tecnicoeconômicas

O que esses pontos de virada na história financeira mostram é que a inovação financeira está ligada a uma evolução mais ampla de uma civilização; de fato, muitos historiadores ainda estão indecisos sobre qual desenvolvimento é o gatilho e qual o efeito.

O que é indiscutível, porém, é que os avanços não foram isolados. Uma revolução simultânea na tecnologia e no comércio soa familiar? É isso mesmo — um paradigma. Portanto, não é de admirar que o atual paradigma digital seja também acompanhado por uma revolução nas finanças. Mudanças como essa manifestam-se sempre na legislação. Em muitos aspectos, a legislação resulta de uma mistura de desenvolvimentos tecnicoeconômicos: atores, modelos de negócio e infraestruturas adaptam-se ao novo paradigma e são necessárias novas regras para refletir essas novas realidades de mercado. Hoje em dia, a regulamentação começa a ser menos protetora para os operadores estabelecidos. Veja a Diretiva de Serviços de Pagamento da Comissão Europeia de 2007 (PSD) da União Europeia, que harmonizou o setor de pagamentos para bancos e não bancos com um quadro legal. Sob "regras de mercado", descreveu quais as empresas autorizadas a operar como prestadoras de serviços de pagamento e sob "regras de conduta comercial" especificou coisas como transparência ou execução de transações. Os novos avanços tecnológicos foram contabilizados na grande revisão da diretiva (PSD2), que entrou em vigor em janeiro de 2018. O PSD2 é essencial para outras legislaturas em todo o mundo. Ele exige uma forte autenticação do cliente no varejo on-line e iguala o campo de atuação para as instituições que não são bancos. Por exemplo, os bancos são agora obrigados a fornecer uma interface de programação de aplicações (API) a terceiros, que lhes permite iniciar transações e ver os dados da conta. Isso permite a integração de muito do que as fintechs fazem.

O blockchain é uma daquelas tecnologias que, por sua mera existência, pressiona a necessidade de equalizar legislações como a PSD2, ao mesmo tempo em que é significativamente moldada por ela. Com a PSD2, as fintechs terão acesso a um bilhão de contas bancárias devido à abertura ordenada de APIs. Roland Berger, uma consultoria, estima que isso poderia custar aos bancos até quarenta por cento dos lucros no segmento de varejo (RUSSO, 2017). A nova regulamentação reduz as barreiras à entrada, e um aumento da concorrência diminuirá as margens. Enquanto que, para os clientes, os serviços financeiros se tornam mais baratos, para os fornecedores, a atratividade do mercado cai e eles têm que caçar novos fluxos de receita e modelos de negócios. Isso ilustra mais uma vez a necessidade de instituições.

Sem o regulador definindo o panorama, o blockchain continuaria a ser um nicho, tal como o bitcoin. Ao tomar uma posição com o PSD2, a União Europeia abre as portas para que os especialistas em blockchain se tornem parte do grande sistema de pagamento. Ele lhes dá legitimidade e os retira da parte sombria da economia. Além de uma tendência geral de liberalização, o mercado também será moldado por regulamentações específicas sobre ledgers descentralizados e criptomoedas. Na próxima seção, veremos como a legislação em torno das criptomoedas em Nova York inclinou as escalas para instituições estabelecidas e de grande porte, que podem utilizar plenamente suas competências essenciais. Além disso, ressalta a importância do regulador na formação do contexto competitivo. No Capítulo 3 vamos descobrir o quão forte pode ser sua aderência.

A mão forte do Leviatã — por que os reguladores podem acabar escolhendo o formato da tecnologia

Apesar de os altos escalões dos governos e dos bancos centrais estarem cheios de veteranos das finanças, a regulamentação não está fazendo o jogo deles. Ela está ficando mais exigente e mais restritiva, especialmente para bancos "sistemicamente importantes"; a saída da General Electric do ramo bancário, em 2015, foi testemunha disso. A GE Capital, nome desse spin-off, foi o sétimo maior banco dos Estados Unidos e teve que ser resgatado pelo governo após a crise financeira. A volatilidade e o risco que a GE Capital introduziu na empresa-mãe tiveram um efeito adverso sobre os preços das ações. O gigante deixou a arena, vendendo a maior parte do seu negócio de varejo norte-americano ao Goldman.

Ao mesmo tempo, a regulamentação torna-se mais abrangente para os que não são bancos. A crise financeira desencadeada em 2008 provocou uma onda que ainda hoje se faz sentir, com uma regulamentação mais rigorosa que torna o ambiente muito mais hostil para os operadores já estabelecidos. Os agentes financeiros gastam milhões de dólares e euros para bombardear as instituições, mas sua posição legalmente privilegiada está lentamente desaparecendo. A PSD2 acima referida obriga os bancos a abrir os seus APIs aos concorrentes. Fintechs podem, assim, facilmente ligar suas soluções às interfaces dos bancos sem ter de construir toda a infraestrutura para terem acesso ao cliente.

> *Os agentes financeiros gastam milhões de dólares e euros para bombardear as instituições, mas sua posição legalmente privilegiada está lentamente desaparecendo.*

O poder da China na repressão regulamentar sobre o bitcoin é um exemplo impressionante do poder dos reguladores. No Ocidente, o controle pode tomar medidas menos drásticas, mas igualmente eficazes. O PSD2 mostra como os governos podem definir sozinhos o quadro competitivo para os pagamentos. Mas, antes de olharmos para a forma como os governos dos Estados Unidos e da Europa tratam a nova tecnologia, a distinção entre o blockchain como uma tecnologia subjacente e as criptomoedas específicas tem de ser realçada mais uma vez.

Embora haja pouca legislação sobre o blockchain, o bitcoin tem recebido atenção global dos reguladores. Uma série de países, incluindo Bangladesh, Bolívia, Equador, Quirguistão e Vietnã, proibiu completamente a criptomoeda. A China, apesar de não ter uma proibição formal do bitcoin em vigor, proibiu as ofertas iniciais de moedas e as bolsas de valores. O ambiente é hostil. A posição em relação ao bitcoin no mundo ocidental, no entanto, é diferente. Não é que a legislação seja ociosa, mas as diferentes jurisdições discordam. No Reino Unido, o bitcoin é uma moeda e, portanto, isenta de IVA, enquanto os EUA a tributam como propriedade; o bitcoin está sujeito a impostos sobre ganhos de capital. Para questões que não a tributação, os EUA regulamentam o bitcoin como moeda (SWAN, 2015). Para o estado de Nova York, que foi o epicentro financeiro do século 20, e queria continuar assim no século 21, a mera classificação de bitcoin não era suficiente, havendo então a introdução do conceito de BitLicense. Para obtê-la, as empresas que lidam com operações em blockchain tinham de seguir um conjunto de regras complexas que incluíam requisitos de capital, adesão a medidas de combate à lavagem de dinheiro (AML), auditorias regulares e aprovação prévia à alteração das especificações e dos mecanismos dos produtos. A ideia era ter uma espécie de licença bancária que garantisse aos clientes finais a mesma proteção governamental que as moedas fiduciárias. É claro que essa regulamentação elimina a fraude e a lavagem de dinheiro e incentiva as pessoas a investir e usar criptomoedas. No entanto, também diminui as chances de empresas maiores, que podem usar a infraestrutura existente, recursos financeiros e know-how de conformidade, usarem criptomoedas. Assim, em vez de atrair empreendedores inteligentes para a Big Apple, um êxodo em massa de startups de blockchain foi acionado enquanto as instituições estabelecidas com grandes orçamentos permaneceram. Três anos após a introdução, quatro empresas obtiveram a licença e apenas cinco foram rejeitadas (BRENNAN, 2018).

A tentativa pioneira de Nova York dá uma dica do que a regulamentação reserva; seu sucesso pode vir apenas quando mais jurisdições aplicarem uma licença semelhante, mas talvez mais relaxada. No Canadá, o Senado sugeriu uma abordagem "mais leve" com as criptomoedas para evitar que o potencial da tecnologia fosse sufocado. A fim de ainda cumprir a regulamentação antilavagem de dinheiro, eles emitiram um mandato para que as bolsas de moeda digital (portanto, nem todas as empresas de bitcoin) atendam aos mesmos requisitos que as empresas de dinheiro tradicionais (SENADO DO CANADÁ, 2015). As exchanges são a interface entre criptomoedas e moedas fiduciárias, onde você pode trocar seus dólares por bitcoins e vice-versa. Serão necessários anos de recolhimento de dados para determinar qual é mais bem-sucedida, e mesmo assim é de esperar que os políticos discutam sobre as diferenças regionais e qual solução escolher. A única coisa de que podemos ter certeza é que as licenças bitcoin vão parecer cada vez mais com licenças bancárias.

Por outro lado, a legislação específica do blockchain é escassa. Os regulamentos para transferência, armazenamento e empréstimo de dinheiro não são centrados na tecnologia. Os reguladores estabelecem os critérios que devem ser cumpridos; a forma como esses critérios são cumpridos cabe principalmente aos prestadores de serviços financeiros. Portanto, se os blockchains são simplesmente usados para moedas fiduciárias e não incluem valor criptografado, muito pouca legislação específica teria de ser elaborada. Novas leis seriam necessárias, porém, se o blockchain mudasse fundamentalmente os modelos de negócios bancários. Existem regras para pagamentos em geral que indicam quais normas técnicas serão toleradas e quais não. Não vamos analisar os preceitos específicos de cada país neste livro, mas existem máximas para os bancos que se aplicam à maior parte dos territórios. Uma dessas máximas é o já mencionado princípio Conheça seu Cliente (KYC, do inglês *Know Your Client*). Em primeiro lugar, e acima de tudo, o KYC pode ter um impacto profundo com relação à tolerância ou não dos blockchains centralizados ou descentralizados, e as empresas financeiras só poderão satisfazer os requisitos com as primeiras. O KYC enviesará as guerras de formato a favor dos bancos.

O KYC enviesará as guerras de formato a favor dos bancos.

Mas por que o princípio KYC está em desacordo com as criptomoedas? Afinal, as moedas digitais funcionam com um livro-razão aberto e imutável, no qual nenhuma transação pode ser escondida. Ao mesmo tempo, porém, a falta de identificação do usuário não está em conformidade com o KYC. Essa confusão existe devido a uma distinção fundamental que costuma ficar confusa: pseudônimo *versus* anonimato (BRITO; CASTILLO, 2013). Enquanto pseudônimo significa que eu posso me esconder atrás de qualquer nome falso, anonimato significa que nem mesmo esse nome falso pode ser visto por outros. O bitcoin e outros blockchains públicos oferecem aos usuários apenas o primeiro, não o segundo. O ledger e o histórico são acessíveis ao público, mas as identidades das partes envolvidas na transação estão escondidas atrás de pseudônimos. Não há requisitos de identidade na rede bitcoin — as pessoas podem aderir sem fornecer nomes ou endereços de e-mail, o que contrasta com o modelo praticado, centrado na identidade, por exemplo, pelas empresas de cartões de crédito. Graças ao mecanismo do blockchain, os nós servem ao interesse próprio e, assim, sustentam o sistema. A confiança nos outros tornou-se desnecessária e, com ela, a necessidade de conhecer as verdadeiras identidades das partes envolvidas na transação.

No entanto, alguns críticos têm sugerido que é, de fato, possível rastrear pseudônimos de usuários até endereços IP que participam de transações de bitcoins se eles não estiverem protegidos por software especial (BIRYUKOV; KHOVRATOVICH; PUSTOGAROV, 2014). Mencionamos brevemente a repressão da infame Silk Road no Capítulo 1 em relação à privacidade e ao pseudônimo. Ross William Ulbricht, o fundador do mercado Silk Road na darknet, foi detido pelo FBI em 2013 por tráfico de armas, drogas e pornografia infantil no valor de duzentos milhões de dólares através do blockchain de bitcoins como sistema de pagamento. Ele escapou das autoridades durante anos antes que o FBI o localizasse (UMEH, 2016).

Existem programas de anonimização para bitcoins. De acordo com estudos (MÖSER; BÖHME; BREUKER, 2013), alguns são mais eficazes que outros. Bitcoin Fog e Blockchain.info são dois dos melhores, enquanto BitLaundry tem demonstrado ser menos convincente. Mas, independentemente de o anonimato poder ser levantado sem proteção adicional de software, é visto como o maior obstáculo à implementação do bitcoin pelos bancos porque viola o preceito KYC. Felizmente, há formas de resolver o dilema do KYC. Os fornecedores de carteiras e as exchanges podem exigir que os clientes confirmem sua identidade. Por exemplo, a carteira da Coinbase recolhe os endereços IP dos usuários e as informações dos dispositivos e da rede móvel. Por outro lado, é impossível implementar o direito das pessoas a serem esquecidas. Mais uma vez, é preciso salientar que, se for usado um blockchain privado ou centralizado, os bancos podem definir as regras e forçar os participantes a revelar suas identidades, reescrever o ledger e selar o histórico de transações do público.

Os blockchains centralizados não apenas ajudam a ser compatíveis, mas também podem ajudar com os relatórios. Aqueles do tipo PSD2 ou Basel III demandam grandes quantidades de dados, bem como recursos humanos para salvar dados de transações passadas. Isso tudo poderia ser suportado muito mais facilmente se tudo fosse gravado no imutável e completo ledger do blockchain. A verificação instantânea da identidade significaria menos custos para as agências bancárias e também ajudaria os reguladores com as resmas de dados heterogêneos que surgem no caminho. A Associação Bancária do Euro (2015) vê as tecnologias de criptografia distribuída como uma forma rentável de alcançar o cumprimento de KYC e AML (princípio de conhecer seu cliente e de prevenção à lavagem de dinheiro), e não como uma razão para alterar as leis. Alguns bancos diretos — o Fidor é pioneiro — já utilizam o blockchain Ripple para alcançar a exigência de compliances como KYC e AML. Mais uma vez, uma configuração centralizada é a única solução razoável, porque nenhum banco quer ser completamente transparente e entregar todos os dados aos reguladores.

Guerras de formatos em pleno andamento

Mudar a estrutura de uma indústria é um processo lento; é muito raro que inovações revolucionárias surjam e desencadeiem uma fase de transição, fazendo com que as empresas concorram entre si para chegar ao topo da cadeia alimentar. A maneira mais segura de chegar lá é impor o próprio design de produto como dominante, expulsando concorrentes que não têm os direitos legais ou conhecimentos técnicos para oferecer o padrão. Alternativamente, você pode licenciar seu formato e alcançar uma rentabilidade superior, tal como a Matsushita fez com os vídeos VHS. Perder guerras de formato, por outro lado, é muito caro e pode tirar as empresas do negócio. Então, há sinais de tal mudança no reino do blockchain? As autoridades reguladoras favorecem os blockchains fechados, apesar de a centralização não ser um formato, mas uma decisão de design técnico. Um formato é um blockchain específico ou um conjunto de APIs padronizadas — algo que as empresas, e não os reguladores, fornecerão.

Durante muito tempo, o bitcoin foi o porta-bandeira. Mas ele falhou em cumprir seu papel, desencadeando centenas de ofertas iniciais e uma série de iniciativas bancárias. Além dos consórcios, alguns bancos estão desenvolvendo criptomoedas próprias (Citigroup), enquanto outros estão investindo em startups (Goldman Sachs) ou cooperando com elas (Barclays, UBS e Commonwealth Bank of Australia). Todos esperam definir o padrão da indústria (WILD; ARNOLD; STAFFORD, 2015). Os blockchains centralizados são abundantes. Ao mesmo tempo, no entanto, muitas fintechs estão concentrando seus esforços em blockchains descentralizados, não apenas ameaçando destruir as competências essenciais dos bancos, mas também tornando obsoletos seus esforços de blockchains centralizados. Paradoxalmente, essas fintechs são frequentemente financiadas por esses mesmos bancos. Simplificando, empresas financeiras estão diversificando o risco, o que é natural em qualquer guerra de formato. Isso destaca, no entanto, o quão incertas são as empresas financeiras sobre qual desenho ou formato pode acabar tendo sucesso.

Simplificando, empresas financeiras estão diversificando o risco, o que é natural em qualquer guerra de formato.

Com tantas instituições e startups trabalhando nas próprias soluções, como algum formato vai se tornar dominante? A teoria da gestão lista cinco estratégias (JONES; HILL, 2012):

- garantir o fornecimento de complementos (por exemplo, o fornecimento de jogos para um console de videogame);
- licenciar o formato a outros;
- precificar e vender agressivamente;
- alavancar um aplicativo definitivo;
- cooperar com os concorrentes.

Bancos e financeiras são muito específicos na medida em que exigem interoperabilidade entre os concorrentes, razão pela qual, no passado, nenhuma das três primeiras estratégias foi aplicada com sucesso à inovação nos sistemas de pagamento. A competição acima mencionada marcou o ritmo em toda a cadeia de valor. Portanto, a cooperação com outros e a caça por uma aplicação definitiva funcionavam melhor e normalmente andavam de mãos dadas.

Alavancar um aplicativo muitas vezes traz um fim repentino para a batalha de formatação, o que torna ainda mais importante identificá-lo o mais cedo possível na fase de transição. Então, como você o identifica? Há dois passos: 1) identificar os atributos específicos do produto possibilitados pela nova tecnologia; 2) adequar esses atributos às necessidades dos clientes (MACMILLAN; MCGRATH, 2000).

Para a maioria dos defensores do blockchain, não há dúvida de que o bitcoin é esse aplicativo definitivo. O bitcoin é, de longe, a criptomoeda mais conhecida, muito mais conhecida do que o próprio blockchain; de fato, para explicar o blockchain se recorre muito ao bitcoin (como no livro de 2016, intitulado *Blockchain Revolution: Como a tecnologia por trás do Bitcoin está mudando o dinheiro, os negócios e o mundo* escrito pelos Tapscott). O bitcoin está crescendo constantemente e tem a maior capitalização de mercado, de 164 bilhões de dólares, seguida pela Ethereum, com 90 bilhões, e pelo Ripple em terceiro, com 44 bilhões (COINMARKETCAP, 15 fev. 2018). O bitcoin é usado por muitas fintechs, como Goldman Sachs-backed Circle Internet Financial, mas não tem necessariamente os atributos que o mercado de massa exige. O pseudônimo não é o que o cidadão comum deseja, e as moedas fiduciárias não estão tão atingidas pela inflação a ponto de as poupanças das pessoas estarem em queda livre. Existem raras exceções, como a Venezuela, onde a hiperinflação é tão alta que o regime emitiu uma criptomoeda chamada Petro, que é supostamente apoiada pelos recursos petrolíferos do país. Os clientes precisam de uma grande rede de aceitação, baixas taxas de transação e um processo de pagamento rápido. Mas, como vimos anteriormente, com um tempo médio de confirmação de dez minutos e pontos de aceitação concentrados na deep web, o bitcoin é incapaz de atender a essas necessidades. Esses fatos por si só desqualificam o bitcoin como o app definitivo, não importando as limitações de escala ou o consumo de energia. Para aqueles que acreditam que o bitcoin já é muito grande para falhar, considerem isto: apesar da clara dominância entre os blockchains, seu valor de mercado era de 164 bilhões de dólares em fevereiro de 2018. Isso é uma gota no oceano se comparado ao valor monetário total do mundo de 80,9 trilhões de dólares (DESJARDINS, 2015). No momento em que escrevo, em 2018, existem 1.530 altcoins ativas (as altcoins são basicamente criptomoedas alternativas, ou seja, todas as criptomoedas exceto bitcoin) (COINMARKETCAP, 15 fev. 2018). Algumas são golpes, outras empreendimentos de instituições confiáveis, mas a maioria delas prevê que o bitcoin não será a principal criptomoeda no futuro.

Pode ser que a grande inovação não seja uma moeda ou um token em particular, mas a tecnologia que facilita a comunicação entre os aplicativos, a chamada tecnologia interledger. Na lista das criptomoedas com maior capitalização de mercado, o segundo e terceiro lugares vão para dois desses aspirantes: o Ripple e a Ethereum. A verdadeira inovação do Ripple não é a sua moeda (XRP), mas o protocolo, RippleNet, que pode ser utilizado pelos bancos como uma adição — ou mesmo um substituto — à rede SWIFT. Para o token Ripple, é irrelevante se uma criptomoeda como o bitcoin ou dólares e euros são transferidos, porque liga o sistema antigo com o novo, simplesmente oferecendo uma API que todo banco pode usar. Essa solução interledger une diferentes sistemas de pagamento, permitindo aos bancos transferir fundos sem qualquer intermediário, poupando custos e tempo. O Ethereum é outro grande aplicativo que facilita a interoperabilidade em larga escala. É uma plataforma de desenvolvimento e uma linguagem de programação que permitem a construção de novos aplicativos. Mas a verdadeira mudança no jogo é que ele é "Turing completo", o que significa que ele pode rodar qualquer moeda, qualquer blockchain, qualquer protocolo, não importa qual seja a plataforma e o aplicativo. Além disso, pode ser usado para criar contratos inteligentes que estão ligados a múltiplos blockchains (SWAN, 2015).

Tanto o Ripple como a Ethereum são plataformas extremamente poderosas que procuram sustentar o novo sistema de pagamento, e é muito mais provável que uma delas seja pioneira do que o bitcoin ou qualquer outra criptomoeda específica. Por razões de escalabilidade, Ripple parece estar ainda melhor colocado do que Ethereum. O bitcoin pode fazer dezesseis transações por segundo, Ethereum, quinze e Ripple, 1.500. Embora o tempo médio de transação para o bitcoin seja superior a uma hora, para Ripple são quatro segundos, de acordo com o site deles. Claro, a velocidade do bitcoin pode ser melhorada, mas se a diferença é tão exorbitante, é difícil acreditar que possa ser fechada algum dia.

Por isso, os titulares têm razão em trabalhar em blockchains centralizados. Mas e os players menores, que não têm o peso necessário para forçar um formato sobre a indústria? Uma opção seria apenas esperar e tentar ser o emulador mais rápido, mas construir um projeto de blockchains em grande escala leva muito tempo; não pode ser feito da noite para o dia. Além disso, as vantagens de ser mais rápido geralmente não duram muito. Para ganhar vantagem, os players menores devem considerar joint ventures, aquisições, alianças ou licenças; todas são formas pelas quais as empresas podem atrair a experiência que falta. A maioria das grandes organizações participa de alguma forma de cooperação, muitas vezes em paralelo com os seus próprios esforços. É da natureza dos bancos buscar a interoperabilidade dos sistemas; afinal de contas, eles criaram padrões unificados no passado. Fundada em 1973, a SWIFT, rede privada de câmbio sobre a qual funcionam atualmente todas as mensagens interbancárias (ou seja, transferências), foi um desses projetos. Cooperação semelhante aconteceu em 1970, quando 243 bancos se reuniram para criar o Visa (DEUTSCHE BANK, 2016). O modelo já se provou extremamente bem-sucedido, e parece que os bancos o estão replicando mais uma vez com o advento do blockchain. Como mencionado brevemente na Introdução, o Consórcio R3 CEV foi lançado no final de 2015. Essa é uma iniciativa da indústria que deve criar um padrão comum de blockchains entre bancos e harmonizar a multidão de blockchains fechados. A maioria dos fundadores e dos primeiros membros eram gigantes do sistema bancário. BNP Paribas, Goldman Sachs, UBS, Royal Bank of Scotland, Barclays, JP Morgan e Credit Suisse são apenas alguns deles. Até dezembro de 2017, mais de cem instituições financeiras e reguladores líderes tinham aderido.

A segunda grande colaboração entre as principais instituições financeiras mundiais foi lançada meses depois do R3 CEV, nomeadamente o projeto Hyperledger. Essa iniciativa liderada pelo Linux incluiu o consórcio R3 CEV como membro fundador com uma lista impressionante de empresas financeiras e tecnológicas, como a JP Morgan, a Bolsa de Valores de Londres, a Accenture, ou Cisco, bem como a própria rede SWIFT. O projeto Hyperledger é um esforço de código aberto que estabeleceu o objetivo de desenvolver um "blockchain para negócios", mas eles rejeitam bitcoins e todo o sistema de blockchains descentralizados. A ideia é criar um padrão para o setor bancário, limitando o número de nós.

De um ponto de vista puramente técnico, os blockchains centralizados batem os descentralizados. Claro, esses blockchains fechados são menos revolucionários do que Nakamoto e seus discípulos tinham em mente, e não são suficientemente dignos de alarde para uma atenção excessiva da mídia. No entanto, no final das contas, nem os seguidores de Nakamoto nem os meios de comunicação social determinarão o futuro dos blockchains, mas o consumidor final. Enquanto isso, os bancos não estão sendo afetados pelo hype e nem experimentaram e testaram seu caminho de cooperação. Isso será suficiente?

Nem os seguidores de Nakamoto nem os meios de comunicação social determinarão o futuro dos blockchains, mas o consumidor final.

Nota

1. Na literatura, você encontrará também a terminologia blockchains de acesso autorizado/de acesso aberto, que corresponde à dicotomia centralizada/descentralizada. Os blockchains de acesso autorizado só permitem nós de verificação preespecificados.

CAPÍTULO TRÊS

O temido momento Kodak que nunca vai acontecer — por que é diferente com os bancos

Mito: "Com o sucesso do blockchain vem a queda dos bancos."

Cortar a cadeia de valor à medida

No final de 2016, a Deloitte, o Metro Bank e a empresa de tecnologia de ledger distribuído SETL emitiram cem cartões-teste de débito para os funcionários da Deloitte, que os utilizaram para comprar cupcakes em um ambiente de demonstração. Os saldos do cartão inteligente eram atualizados imediatamente e estavam completamente em conformidade com os regulamentos KYC e AML. A tecnologia ledger executou várias cadeias em paralelo, o que resolveu o problema de velocidade associado a aplicações de criptomoedas como o bitcoin. Os empregados pagaram em libras esterlinas: moeda fiduciária. A tecnologia SETL tem duas grandes vantagens: pode processar dezenas de milhares de transações por segundo — como as grandes redes de cartões — e tem uma interoperabilidade. Assim como um chip em um telefone celular, a tecnologia de ledger pode ser usada para transações independentemente do emissor do cartão (DELOITTE, 2016).

Esse projeto-piloto deu um vislumbre de como poderia ser o futuro de um blockchain. Os bancos ainda fazem parte da cadeia, mas os intermediários não fazem. Para que uma transação ocorra, basta um remetente, um receptor, um banco e uma empresa de blockchain; esta última poderia até ser integrada ao banco. Como vimos, a promessa central do blockchain é eliminar o intermediário, criando confiança por meio de algoritmos. Mesmo a Associação Bancária do Euro (2015) prevê que o blockchain reduzirá a dependência de terceiros de confiança, tais como provedores de pagamentos, seguradoras, empresas que agrupam riscos etc. Entre os que correm maior risco estão empresas de cartões de crédito, serviços de transferência de dinheiro, adquirentes e processadores de pagamentos. As câmaras de compensação também serão afetadas, embora, de acordo com um relatório do Citigroup, elas "possam sofrer modestamente" porque os bancos poderiam resolver os negócios por conta própria (CITI GPS, 2016). O relatório do Citi apresenta uma melhor perspectiva para as instituições bancárias, embora note que todos os bancos precisarão compartilhar o mesmo blockchain para sobreviver. Como vimos no Capítulo 2, soluções interledger como o Ripple e consórcios como o R3 CEV que trabalham em padrões unificados abrirão o caminho para o sucesso.

Por que os intermediários correm um risco tão elevado? O complexo processo requer uma série de grupos para possibilitar os pagamentos seguros. Um grupo central são os processadores de pagamento, terceiros que processam transações em nome de comerciantes. Em cada transação de cartão de crédito e débito, eles são responsáveis pela autorização e liquidação. Eles validam a transação, encaminhando-a ao banco emissor ou à empresa de cartão de crédito para verificação. Os processadores são intermediários prototípicos porque, sem eles, um comerciante não pode concluir uma operação de pagamento. Como tal, correm um enorme risco devido aos mecanismos de verificação P2P. As empresas de cartões de crédito enfrentam pressões semelhantes ao blockchain, porque fornecem uma rede de pagamentos e cobram taxas de cartão de comerciante na faixa de um a três por cento do valor da transação. No entanto, os processadores de cartões de crédito estão menos expostos ao risco do que os processadores puros, em parte porque oferecem outros serviços, tais como programas de seguros ou de fidelização, mas principalmente porque empresas como Amex e Visa dispõem de marcas B2C (business to consumer) globalmente poderosas. No entanto, é improvável que isso os ajude a manter sua posição em longo prazo, então eles também estão tentando proativamente aproveitar o potencial do blockchain. A Visa, por exemplo, está trabalhando em serviços de remessas de bitcoins, enquanto a Mastercard e a Amex estão investindo na Abra e no Digital Currency Group, duas startups de blockchain (HILEMAN, 2016). Além disso, a Mastercard protocolou quatro patentes em blockchain para melhorar os sistemas de liquidação (REDMAN, 2016).

Os serviços de transferência de dinheiro (ou serviços de transferência bancária), como o Western Union, estão correndo o maior risco de obsolescência. O mercado global de remessas é estimado em 514 bilhões de dólares, com taxas de transações atingindo de sete a trinta por cento (THE ECONOMIST, 2012). Muitas fintechs oferecem alternativas quase gratuitas para movimentar somas maiores de dinheiro através das fronteiras nacionais e, se os bancos entrarem no time do blockchain, não restará nenhum segmento de clientes que necessite de serviços de transferência. A proposta de valor é transferir dinheiro através das fronteiras dos estados sem uma conta bancária — nada que os torne insubstituíveis.

Não é de se surpreender que esses desafiantes tenham a capacidade de ameaçar a atividade principal de empresas de longa data; no entanto, o que poderia ser uma surpresa é que eles também têm o potencial de deslocar as atuais estrelas em ascensão. O PayPal é um desses exemplos. Essa plataforma de pagamentos on-line baseia-se na infraestrutura de pagamentos existente, utilizando contas bancárias ou redes de cartões de crédito. No entanto, eles capturam lucros significativos. O PayPal tem uma receita anual de 13,1 bilhões de dólares (STATISTA, 2018). No entanto, o blockchain poderia cortar não apenas uma, mas duas camadas de intermediários e colocar a empresa em terreno instável. O PayPal está dolorosamente ciente disso e reagiu fazendo parcerias com Bitpay, Coinbase e GoCoin — três dos principais processadores de pagamentos por bitcoins (MAC, 2014). Um ex-CEO da empresa de carteira de bitcoins Xapo entrou para o conselho de diretores do PayPal (HILEMAN, 2016).

E quanto ao maior grupo, os bancos? Em geral, os serviços dos bancos de varejo podem ser agrupados em três grandes categorias: valor de varejo (ou seja, contas ou ações), valor de movimento (ou seja, fornecer uma utilidade de pagamento e transação) e fornecimento de acesso a valor (ou seja, empréstimos). As fintechs que proclamam o fim dos bancos têm de provar que podem fazer um trabalho melhor — ou pelo menos igualmente bom — com essas três funções. Isso ainda não aconteceu nem é provável que venha a acontecer. A reivindicação do blockchain é, acima de tudo, revolucionar o movimento do dinheiro. Os bancos não serão cortados da cadeia de valor; a tecnologia simplesmente abrirá a estrutura do mercado dentro do sistema bancário. O que pode desapontar os pessimistas, mas o significado não deve ser subestimado. Um extenso estudo (BIKKER; HAAF, 2002) sobre as estruturas do mercado bancário global encontrou um grau muito elevado de concentração nacional, com mais concorrência internacional. A concentração é particularmente forte na Europa, em grande medida como resultado de numerosas fusões, bem como da regulamentação que, no passado, impediu os bancos de concorrerem entre si. Na maioria dos países europeus, a estrutura do mercado é uma estrutura de "concorrência monopolista". O mercado dos EUA é um pouco diferente. Devido à Lei Bancária de 1933 (ou Lei Glass-Steagall), os Estados Unidos têm hoje um número maior de bancos comunitários de menor porte do que outros países. Das 5.701 instituições, apenas 0,2 por cento tinha mais de mil filiais e apenas 1,4 por cento tinha entre cem e mil filiais no final de 2016 (USBANKLOCATIONS.COM, 2018). No entanto, mesmo os Estados Unidos estão assistindo a uma tendência para a consolidação do mercado, que se deve, em parte, a fusões e aquisições e, em parte, à provável falência de pequenos bancos. Nos Estados Unidos, 85 por cento de todas as falhas bancárias ocorrem em instituições que possuem ativos de valor inferior a um bilhão de dólares (GOVERNMENT ACCOUNTABILITY OFFICE, 2013).

A estabilidade é um fator muito importante a considerar quando se discute a estrutura do mercado bancário. Desconsiderando as mudanças na concorrência provocadas por fusões, aquisições ou saídas, há pouquíssima movimentação na posição competitiva, e pequenos ganhos de quota de mercado não são tão impulsionados pela inovação quanto pela compra de clientes. Olhando para estatísticas sobre quais bancos ganharam e perderam clientes (STATISTA, 2017), é surpreendente como estão estáticas as carteiras de clientes dos principais bancos. No Reino Unido existem dados extremamente confiáveis, uma vez que a maioria dos clientes utiliza o serviço de comutação de contas correntes (CASS) para mudar de banco. No segundo trimestre de 2017, a Nationwide liderou a estatística com um ganho líquido em novos clientes de 38.626. O segundo mais bem-sucedido, TSB, chegou a 20.120, enquanto o HSBC ficou em terceiro com apenas 4.927. Todos os outros estavam em equilíbrio ou tinham uma perda de clientes. Há, no entanto, um segmento que está crescendo exponencialmente: os bancos digitais.

Independentemente do blockchain, o Citi GPS (2016) prevê um declínio acentuado nas agências bancárias. Entre 2014 e 2025, estima-se que, nos Estados Unidos e na área do euro, seja registrada uma queda de 33 e de 45 por cento. Enquanto o número de agências bancárias está diminuindo, uma nova raça de bancos conhecida como bancos "diretos" ou "digitais" está aumentando. Esses bancos conduzidos digitalmente concentram-se em ofertas básicas, como cartões de débito e funcionalidade de poupança. Eles não têm filiais, mas operam pela integração móvel. Com a startup N26, por exemplo, você pode abrir uma conta bancária com um IBAN (International Bank Account Number) em oito minutos completamente via telefone. Exemplos mais proeminentes incluem Moven, Simple, GoBank e Bluebird nos Estados Unidos, assim como Fidor e mBank na Europa. Os Estados Unidos já são responsáveis por mais de vinte milhões de clientes ativos e mais sete milhões, incluindo programas de cartões pré-pagos. Isso soma uma quota de mercado de nove por cento (KING, 2014). A Accenture (2013) estima que os bancos diretos poderão conquistar cerca de 35 por cento da quota de mercado dos bancos de serviços completos até 2020.

Os bancos digitais podem ser braços de instituições existentes ou independentes; no entanto, muitos destes não são instituições realmente independentes e terão afiliações com bancos tradicionais. Os cinco maiores bancos diretos do mundo são todos braços ou afiliados a um banco tradicional; entre os vinte maiores bancos, quinze são. Os bancos independentes não afiliados a instituições de maior porte são mais frequentemente aclamados pela capacidade de inovação, mas alcançam comparativamente pouco do mercado — o German Fidor tem apenas 0,2 milhão de clientes (FROST; SULLIVAN, 2016). Além da dimensão, a rentabilidade está também do lado dos operadores já estabelecidos; na Alemanha, o braço da internet do holandês ING não é apenas o terceiro maior, mas uma das instituições mais rentáveis em todo o ramo de bancos de varejo. Os bancos digitais não têm representado uma mudança de paradigma até agora, e, embora o nome possa sugerir isso, eles na verdade não trazem a digitalização para os bancos. Tudo o que eles mudam é a interação com o cliente final. Os serviços são mais convenientes e os custos gerais são cortados. Isso sem dúvidas ajuda a atender melhor um determinado grupo alvo, mas o back-end é idêntico ao das

> *Os bancos digitais não foram tão significativos quanto se previa, mas, como ocorre com o resto da cadeia de valor, é provável que o blockchain transforme as coisas.*

agências físicas. Então os bancos digitais não foram tão significativos quanto se previa, mas, como ocorre com o resto da cadeia de valor, é provável que o blockchain transforme as coisas. Os atuais participantes enfrentarão desafios crescentes, especialmente os intermediários não bancários, e em breve estarão em cena atores novos e menos cooperativos.

Novos tubarões no oceano

Professores de negócios, gurus de gestão e CEOs têm uma coisa em comum: sua obsessão em encontrar, construir e manter uma vantagem competitiva sobre as empresas que disputam os mesmos clientes. Essa caça à vantagem competitiva deverá tornar-se mais pronunciada à medida que a inovação tecnológica revolucionária se instala. Existem quatro paradigmas concorrentes que explicam de onde provém a vantagem competitiva:

- abordagem de conflito estratégico (parte da abordagem de externalidades de mercado);
- abordagem das forças competitivas (parte da abordagem de externalidades do mercado);
- perspectivas baseadas em recursos (parte da abordagem ao nível da empresa, ver Capítulo 5);
- capacidades dinâmicas (parte da abordagem ao nível da empresa, ver Capítulo 5).

Os dois primeiros analisam as externalidades do mercado — principalmente a concorrência — e a forma como são moldadas pela inovação. O ponto focal é a estrutura de mercado e as escolhas estratégicas dos players, fornecedores e clientes. Os outros dois grupos analisam quais são as empresas mais adequadas para ganhar vantagem em novas condições de mercado, argumentando que não é a situação do mercado que torna uma indústria desejável, mas sim a adequação às competências essenciais da empresa (TEECE; PISA-

NO; SHUEN, 1997). Para compreender o impacto do blockchain, precisamos usar todos os quatro paradigmas concorrentes. Neste capítulo, vemos como o blockchain alterará a estrutura do mercado. No Capítulo 5, olharemos então para o outro lado da moeda, a saber, as competências essenciais necessárias.

A abordagem de conflito estratégico (por exemplo, SHAPIRO, 1989) considera como as empresas estabelecidas podem gerenciar a concorrência por meio de investimento estratégico, desequilíbrios de informação, precificação e sinalização, que inclui preços predatórios ou limitados, o que significa que os operadores históricos fixam preços extremamente baixos e destroem as margens de lucro propositadamente, não para servir o cliente, mas para reduzir tanto a rentabilidade dos concorrentes que eles abandonam a arena ou nem entram nela. Uma vez destruída a concorrência, a empresa de sinalização pode voltar a aumentar os preços. No conflito estratégico, manter a posição de mercado é o maior preceito, portanto, trata-se de controlar o ambiente de mercado. Esses movimentos exigem compromissos estratégicos e irreversíveis para serem eficazes.

O problema, porém, é que essa abordagem é sustentada pela teoria dos jogos, um conceito que está em voga na academia há décadas e que pergunta como cada ator antecipa a reação do outro às próprias decisões. Embora possa ser um bom exercício para pensar nos cenários que podem se desenrolar dependendo da rota que se toma, no final das contas os modelos gerados falham em fornecer previsões úteis e percepções testáveis (SUTTON, 1992). Se grandes brechas de poder entre os atores de uma indústria persistirem, os resultados da análise teórica do jogo serão corretos. Mas será realmente necessário fazê-lo? Não é necessário um modelo de computador para lhe dizer que, se a Amazon introduzir o envio gratuito, os outros varejistas serão forçados a fazer o mesmo. Em relações de poder equilibradas, o benefício do modelo torna-se discutível e só ajuda em indústrias com pouca e lenta mudança tecnológica (TEECE; PISANO; SHUEN, 1997). Assim, a abordagem do conflito estratégico fornece pouco apoio na determinação do impacto do blockchain sobre o sistema bancário. A teoria das forças competitivas faz um trabalho melhor.

Para todos os que trabalharam como consultor de gestão ou assistiram ao menos uma aula na faculdade de negócios, o nome Michael Porter vai soar familiar. O venerado professor de Harvard é o autor mais citado em negócios e economia (HBS, nd). Nos anos 1980 e 1990, ele revolucionou o pensamento corporativo sobre a concorrência ao importar conceitos da economia para a estratégia de gestão. Ninguém conseguiu traduzir a vantagem competitiva em pontos fortes da mesma forma que ele, e sua relevância e importância persistem até hoje. De todos os seus trabalhos, o modelo de forças competitivas é o seu legado mais importante. A essência disso é que as empresas devem procurar indústrias que ofereçam alta rentabilidade devido à fraca concorrência. Uma vez encontrados, elas devem tomar medidas para manter as forças competitivas baixas ou encontrar cantos calmos onde as forças de mercado são as mais fracas, caso contrário, sua lucratividade será diretamente afetada (TEECE; PISANO; SHUEN, 1997). É um princípio simples: se o número de concorrentes aumenta, os lucros diminuem.

As fatias do bolo ficam mais finas. Para tornar a abordagem mais praticável, Porter (1979, 1980, 1985) decompôs as forças competitivas em cinco pilares que têm impacto nos níveis de rentabilidade:

- o poder de negociação dos clientes;
- o poder de negociação dos fornecedores;
- a ameaça de produtos e serviços substitutos;
- a ameaça de novos participantes;
- a rivalidade no setor.

Bancos de varejo sempre foram uma indústria atrativa de acordo com esse modelo, mas, como vimos, as estruturas industriais podem mudar com a inovação, por meio da qual as novas tecnologias as descongelam, alteram e recongelam. Isso é exatamente o que o blockchain fará.

A primeira força é o poder de negociação dos clientes. O que atualmente enfraquece o poder dos clientes em bancos de varejo é que eles estão muito dispersos; eles não têm lobby conjunto. Não há clientes individuais que impulsionem proporcionalmente grandes parcelas da receita à medida que os indivíduos com melhores condições se voltam para os banqueiros privados. Embora os custos de mudança financeira sejam baixos e o cliente tenha o poder de mudar unilateralmente o fornecedor, isso quase nunca acontece. Na maioria das vezes, mudar de banco requer uma mudança de comportamento, a qual, muitas vezes, os clientes não estão dispostos a fazer para o benefício financeiro que poderiam ter, especialmente se os produtos têm pouco significado emocional. As taxas de juros ou de cartão de crédito não tendem a evocar emoção. Tudo isso reduz o poder dos clientes. No entanto, em um mundo baseado em blockchains, será mais fácil mudar de fornecedor, pois haverá uma gama muito mais ampla para escolher e as novas ofertas serão mais bem diferenciadas porque um exército de fintechs seguirá uma estratégia de foco, fornecendo soluções adaptadas às necessidades de grupos específicos de clientes. Os custos e as ofertas serão mais transparentes e reunidos em apps.

Assim, embora esperássemos apenas uma ligeira mudança de poder em relação aos clientes, o poder de negociação dos fornecedores aumentará imensamente. Dois grupos são importantes: os fornecedores de capital e os de tecnologia. Apesar do surgimento de novos financiadores de capital, os fornecedores de capital ganharão algum peso. Os obstáculos à entrada no mercado dos serviços bancários enfraquecerão, então fornecedores de capital não ficarão completamente dependentes de algumas grandes instituições financeiras para "comprarem" o capital.

Os fornecedores de serviços tecnológicos lucrarão ainda mais. Atualmente, esses fornecedores têm muito pouco poder de barganha, porque os bancos hoje em dia internalizam a maior parte dos sistemas de TI. Com o paradigma de TI (ver Capítulo 6) e, particularmente, com o crescimento da computação em nuvem, os próprios provedores de tecnologia passaram por uma mudança de modelo de negócios. Eles não estão vendendo, mas alugando servidores e prestando-lhes serviços com software. Isso representa vantagens de escala e uma subsequente concentração de mercado em que a Amazon, a Microsoft, a IBM e o Google conquistaram 56 por cento do mercado global de computação em nuvem. Só a Amazon comanda 31 por cento do total — e a tendência continua: as taxas de crescimento anual dos quatro primeiros estão entre 53 e 162 por cento (SYNERGY RESEARCH GROUP, 2016). Além disso, como esperamos mais participantes no mercado bancário com o blockchain, a base de clientes potenciais dos fornecedores de tecnologia vai explodir e torná-los ainda mais poderosos. Eles já tomaram uma decisão estratégica crucial que ampliará a parte da cadeia de valor que comandam, assegurando que os bancos menores utilizem seus serviços: ofertas de blockchain-as-a-service (BaaS) — um conceito semelhante ao software-as-a-service (SaaS), no qual os bancos têm um ecossistema pronto para ser alugado mensalmente (voltaremos a isso no Capítulo 4). Uma vez nos sistemas dos gigantes da nuvem, os custos de mudança para os prestadores de serviços financeiros são elevados. Isso coloca os gigantes das nuvens em um lugar muito desejável com fintechs e pequenos bancos que precisam da infraestrutura necessária, mas querem contornar gastos de capital exorbitantes. Todas essas tendências levam a um aumento acentuado do poder de negociação para plataformas de computação em nuvem. Como resultado, eles podem aumentar os preços e determinar os termos de cooperação. Esse efeito, no entanto, apenas reduzirá a atratividade para os bancos e as empresas que não têm meios para pagar a própria infraestrutura interna. Entre os bancos, o aumento dos gigantes das nuvens fará a taxa de rentabilidade se inclinar para os grandes bancos.

A terceira força no modelo de Porter é a ameaça de produtos substitutos. Atualmente, não há muitos produtos substitutos para pagamentos além de dinheiro (os parecidos com o PayPal não contam, pois eles são construídos na mesma infraestrutura). O blockchain estabelece novas regras, dando origem a verdadeiras alternativas que podem canalizar o fluxo de dinheiro em torno do sistema estabelecido. Centenas de criptomoedas permitem uma troca P2P sem a necessidade de ter uma conta bancária ou usar uma rede de cartões de crédito. Os produtos substitutos certamente colocarão pressão sobre as margens.

No entanto, todas as ameaças de Porter são limitadas em comparação com o perigo representado pelos novos participantes no mercado. A erosão das barreiras de entrada ameaça esmagar as tendências mono e oligopolísticas que existem atualmente. Existem não menos de seis grandes barreiras, conforme definido por Porter (1979), que impedem as empresas de entrar na arena: desvantagens de custo independentes do tamanho (por exemplo, curva de aprendizado), acesso a canais de distribuição, política governamental, economias de escala, diferenciação de produtos e exigências de capital. Algumas dessas barreiras não serão afetadas pelo blockchain, mas outras começarão a evaporar.

A curva de aprendizado é uma das barreiras de entrada estáveis. Por exemplo, o compliance e a avaliação de risco requerem aprendizagem e conhecimentos significativos e não existe uma forma rápida de desenvolver as competências necessárias para desempenhar essas funções.

A política governamental está intimamente relacionada com a conformidade. Continua a ser a maior barreira — embora esteja desmoronando lentamente — que os salva do ataque. Aqueles como PSD2 podem nivelar o campo de atuação, mas o imperativo institucional do dinheiro sempre privilegiará um grupo experimentado e testado, legitimado por uma licença bancária que confere obrigações e privilégios.

Com os canais de distribuição, o efeito do blockchain dependerá do grupo alvo. Por um lado, o maior canal de angariação de novos clientes continua a ser as agências bancárias físicas, mas isso é verdade sobretudo no que se refere aos dados demográficos mais antigos. Para as gerações mais jovens, assinar um empréstimo ou uma conta bancária acessando um aplicativo é mais intuitivo do que se sentar com um funcionário do banco e assinar um monte de papéis.

O obstáculo à entrada no mercado, para o qual os operadores históricos têm realmente de ceder, são as economias de escala. A tecnologia blockchain traz os bancos para a esfera digital e, na era digital, as vantagens das economias de escala diminuem. Os recursos do servidor podem ser alugados e escalados a baixo custo, e o mesmo se aplica ao software blockchain com serviço. Não será mais necessário empregar um exército de TI para competir com os players estabelecidos.

A minimização do risco também corrói as barreiras de entrada. As instituições financeiras são mitigadoras do risco e, por isso, precisam de um capital extraordinário para enfrentar o pior cenário possível. O balanço dos cálculos de risco pode fazer crescer ou quebrar produtos, entradas no mercado e indústrias inteiras. Esse fardo, no entanto, é diminuído pelo blockchain. Há dois riscos principais que podem se tornar obsoletos com a nova tecnologia: risco de liquidação e risco de contraparte (TAPSCOTT; TAPSCOTT, 2016). Com o risco de liquidação, o algoritmo força a liquidação das transações para que não haja risco de que a outra parte não o faça. As transações também se tornam imediatas; o tempo para liquidar a transação não leva dias ou semanas. Isso significa que o risco de contraparte também é muito reduzido, uma vez que é muito improvável que o parceiro de transação não entre em cumprimento antes da liquidação.

A diferenciação é outra barreira de entrada eficiente. Os bancos estão bem estabelecidos, por vezes ao longo de gerações, e, embora os produtos financeiros não tendam a evocar emoções, a confiança das marcas é essencial. Sem isso, ninguém colocaria as poupanças em risco.

A última barreira de entrada, os requisitos de capital, também estão afundando. Os bancos continuam a ser obrigados a ter capital suficiente nos livros, mas a maioria das fintechs não se esforçam para se tornarem bancos. Para não bancários, o blockchain reduz os requisitos de capital, sobretudo no que se refere aos investimentos iniciais em TI.

A última força competitiva que Porter descreve em seu modelo é chamada de rivalidade na indústria. A intensidade resulta da combinação das quatro forças anteriores — poder de negociação dos clientes, poder de negociação dos fornecedores, ameaça de produtos substitutos, bem como as seis barreiras à entrada. Apesar da concorrência monopolística, a rivalidade da indústria é generalizada no mundo bancário de hoje, tendo a maioria dos requisitos descritos por Porter para essa força. Os intervenientes concorrentes são semelhantes em termos de potência e dimensão, o crescimento da indústria é lento, os custos de diferenciação e de mudança de fornecedor são baixos e as barreiras à saída estão entre as mais elevadas de todas as indústrias. O blockchain agravará ainda mais a situação, uma vez que o número de concorrentes aumentará exponencialmente. Os concorrentes se diversificarão, assim como os seus modelos de negócio, fazendo com que o modelo "tamanho único para todos" dos operadores históricos falhe para grupos de clientes com necessidades não principais. Os custos de mudança para os clientes diminuirão ainda mais. As pessoas podem nem mesmo ter que ir a uma agência bancária, mas apenas baixar um aplicativo e registrar-se.

Nenhuma das forças de mercado diminuirá com o advento da tecnologia de blockchain, mas também não serão deixadas intocadas. A tabela 3.1 resume o efeito global.

O modelo de Porter tornou-se tão bem-sucedido no mundo da gestão que muitos queriam superar a celebridade da estratégia, refutar algumas forças ou adicionar outras. A maioria das tentativas de modificar o modelo falhou, porém, as cinco forças foram confirmadas várias vezes. Houve uma modificação sugerida que teve sucesso: o poder dos complementadores (GROVE, 1996; HILL, 1997). Esse sexto poder descreve as ofertas que agregam valor a outras ofertas, e é somente quando combinadas que elas realizam seu potencial. Vamos ver como isso funciona nos bancos. Historicamente, contas bancárias, empréstimos e cartões de débito geralmente vêm do mesmo banco, mas hoje esse vínculo está enfraquecendo e os cartões de crédito, por exemplo, podem ser fornecidos por terceiros. O blockchain, no entanto, permitirá um ressurgimento da importância dos complementadores, tornando os bancos de varejo um mercado mais atrativo. Os novos serviços poderão ser vendidos de maneira cruzada — afinal, o blockchain pode inspirar confiança em muito mais do que transações monetárias. Uma vez que o fluxo de receitas tradicional perde importância, novos modelos de negócio poderão vir à tona. Então, finalmente, uma mensagem positiva para os bancos, embora não sejam os lucros inesperados de que estamos falando. Embora haja muitas oportunidades para expandir a atividade principal, cada uma requer um compromisso estratégico, uma abordagem de longo prazo e uma batalha difícil contra a inércia.

Historicamente, contas bancárias, empréstimos e cartões de débito geralmente vêm do mesmo banco, mas hoje esse vínculo está enfraquecendo.

Tabela 3.1 Visão geral das cinco forças de mercado no sistema bancário baseado em blockchain

Força de mercado	**Sistemas bancários pré-blockchain**	**Sistemas bancários baseados em blockchain**
Poder de negociação dos clientes	Médio	Alto
Poder de negociação dos fornecedores	Médio	Diferente por grupo de atores
Ameaça de substitutos	Baixo	Médio
Ameaça de novos participantes	Baixo	Médio
A rivalidade na indústria	Alto	Alto

A difícil situação dos serviços já estabelecidos

No início dos anos 1980, se havia um sinônimo para a indústria informática, era IBM. A gigante norte-americana era provavelmente a mais conhecida empresa em toda a economia, e, no auge, as receitas da IBM estavam aumentando mais do que as de todos os concorrentes combinados. O céu parecia o limite e a gerência estava certa de que a computação em mainframe tinha um futuro brilhante, atribuindo a queda anterior nos negócios ao choque dos preços do petróleo de 1979. A recuperação estava apenas se desenrolando. Qualquer CIO em dúvida escolheria o equipamento IBM e teria a paz de espírito de que eles nunca teriam a decisão posta em dúvida. Os empregados mimados da IBM não consideraram nem mesmo se juntar à competição. A única ameaça que a IBM previu eram os concorrentes japoneses que podiam copiar sua tecnologia e reduzir os preços, fazendo a mesma coisa de forma mais eficiente. A IBM respondeu a isso restringindo o marketing e as vendas. As expectativas dos clientes foram subordinadas a ganhos de eficiência e a outro aumento de escala em massa. A empresa tentou matar o modelo de aluguel. Bons resultados financeiros e um afluxo de dinheiro os levaram a construir fábricas de semicondutores luxuosas e caras. Dezenas de milhares de especialistas foram adicionados à folha de pagamento. Em 1985, a empresa publicou resultados de negócios não esperados. O excesso de confiança envolveu a liderança. No entanto, apenas cinco anos depois, as vendas da IBM eram de 68 bilhões de dólares, não de cem bilhões de dólares, suas megafábricas para produção estavam meio vazias e a base de clientes que antes estava vinculada a mainframes alugados desapareceu. Empregados altamente instruídos — e caros — contratados apenas alguns anos antes ou estavam de braços cruzados ou embolsando enormes pacotes de indenização. O preço das ações caiu (MILLS, 1996).

O que aconteceu? A explicação breve é que foi a mudança tecnológica do mainframe para microcomputadores em rede que quase levou a empresa ao fracasso. Não é que o equipamento IBM estivesse rangendo. No auge, era um gigante funcionando bem, cuja marca dominava a indústria. Seu poder de negociação com fornecedores estava fora do alcance. Vantagens de escala nas linhas de produção impossibilitaram a competição por preços — e talento humano, seja de alto potencial, seja de profissional sênior, todos estavam ansiosos para trabalhar para a Big Blue. Parece que eles tinham o necessário para pôr todos os planos em prática. Será que a IBM estava tão presa nas esferas de poder que se sentia fora do alcance? A empresa não se preocupou o suficiente com a inovação que ameaça a vida? Essa seria a explicação dada pelo chamado "paradoxo de Ícaro" (MILLER, 1990), que descreve um mecanismo pelo qual as empresas líderes se convencem tanto da superioridade do caminho atual que não percebem como o chão está mudando sob seus pés.

Hoje, a indústria financeira está em um estado semelhante, com um punhado de grandes bancos dominando a arena de cada país. Entre os não bancos, a imagem não é diferente. American Express, Diners Club/Discover, JCB, Mastercard, Visa e UnionPay representam quase 82 por cento de todo o volume global de cartões — impressionantes 26.044 trilhões de dólares.[1] Todos os balanços desses gigantes mostram que irradiam saúde fiscal. Assim, não se pode realmente culpá-los se eles estiverem tão concentrados na sua posição e ignorarem a ameaça potencial do blockchain; afinal, o modelo de hoje não está funcionando apenas para eles, mas para todos os concorrentes. No entanto, não é isso que estão fazendo. As financeiras atuais estão entre os pioneiros que buscam aproveitar a nova tecnologia e proteger seus negócios. Infelizmente, isso não os deixará imunes, como a história nos mostrou. Veja os exemplos da Nokia ou Kodak, duas gigantes que dominaram as telecomunicações e a fotografia, mas viram sua quota de mercado despencar com a introdução de tecnologias revolucionárias. A Kodak é um excelente exemplo que demonstra que o fracasso da empresa já estabelecida não resulta necessariamente da falta de capacidade de inovação. Steven Sasson, um jovem engenheiro da Kodak, apresentou o primeiro protótipo de fotografia digital à gerência em 1973. Apesar do ceticismo inicial, a

Kodak ainda perseguia a ideia e em 1978 até patenteou a primeira câmera digital (ESTRIN, 2015). A Kodak percebeu o potencial da nova tecnologia e a transformou em realidade. Nokia e Blackberry eram similares; essas empresas tentaram lançar smartphones, mas simplesmente não conseguiram se ajustar. Sim, você leu direito. As empresas mais poderosas de suas eras foram incapazes de entrar no bonde que já tinham visto chegar.

Essa incapacidade de mudar de direção tem sido amplamente estudada e recebeu o rótulo de *hipótese de inércia* (por exemplo, SULL, 2003). Essa hipótese tenta explicar, cientificamente, porque os insurgentes podem tirar partido das tendências futuras mais facilmente do que as empresas estabelecidas, apesar de estas disporem de todos os recursos que dominam o mercado. Basicamente, diz que as empresas têm um compromisso estratégico enorme com a forma atual de fazer negócios. A força de vendas é moldada e treinada para vender um determinado tipo de produto e serviço. Os sistemas de TI são calibrados para modelos de negócios específicos e a mentalidade, a cultura e as habilidades dos funcionários podem não se adequar às novas competências essenciais exigidas. Voltemos ao exemplo da fotografia digital. De repente, o design e a produção de câmeras não exigiam especialistas que editassem negativos com perfeição, mas técnicos para aumentar o número de megapixels, gerenciar o armazenamento de memória digital e projetar telas de menu intuitivas. Essa alteração foi aplicada a todo o processo, não apenas ao hardware. A Kodak tinha um monopólio virtual sobre câmeras, filmes, papel e impressão — a maioria dos quais se tornaram obsoletos na Era Digital.

Do mesmo modo, os ativos físicos da IBM estavam imobilizados em mainframes. Seus funcionários eram hábeis na construção de grandes máquinas e sua forte cultura corporativa sustentava-se catapultando para o topo seus mais veementes defensores. Todos eles faziam parte do sucesso de longa data, não tinham visto estilos de gestão e modelos de negócio diferentes e nunca tinham experimentado mudanças tecnológicas. Isso deu a eles uma visão estreita e mergulhou-os em arrogância. Ao contrário da inovação incremental que ajusta as tecnologias existentes para tornar os processos mais eficientes, as tecnologias radicais e disruptivas alteram as condições de mercado de tal forma que as empresas históricas muitas vezes não conseguem alterar sua estrutura e estratégia em conformidade. As empresas que são invadidas pela tecnologia disruptiva têm um DNA corporativo que é de uma época diferente. É quase impossível conduzir esses gigantes em uma direção radicalmente diferente.

Também tem sido sugerido por alguns pesquisadores (CHRISTENSEN; BOWER, 1996) que os clientes atuais podem fazer parte da inércia, pois rejeitam os novos produtos. Quando foi apresentado ao primeiro protótipo da câmera digital, um dos executivos da Kodak argumentou que "ninguém estava reclamando de impressões" (ESTRIN, 2015). A inércia do cliente não significa que uma empresa deva rejeitar a orientação para ele. Em vez disso, as empresas devem também considerar os clientes *potenciais* e antecipar as necessidades futuras dos existentes, porque em breve eles poderão exigir diferentes atributos de produtos. As empresas precisam compreender todos os critérios de seleção de produtos dos clientes, agora *e* nos anos vindouros.

Os clientes atuais podem fazer parte da inércia.

Pergunte aos clientes quais são os principais critérios de decisão para escolher um banco, e não encontrará ninguém que faça uma pré-seleção de serviços de transferência de dinheiro sem taxas que funcionem em segundos, porque ninguém no mercado oferece atualmente essa funcionalidade. As pessoas também não teriam listado os megapixels da câmera de selfie ou a velocidade do processador de um telefone dez anos atrás. A questão é que os clientes só fazem exigências que estão dentro de sua esfera de conhecimento, então as empresas têm que antecipar o que está por vir. Se alguns bancos começarem a oferecer novos recursos viabilizados pela tecnologia blockchain, ela se tornará um critério de seleção e, portanto, uma fonte de vantagem competitiva. Assim, a visão estreita é, por vezes, um problema para as empresas estabelecidas. A Tesla não foi inventada pela BMW, nem o Airbnb pelo Hilton, e há muitos mais exemplos que apoiam esse ponto. No Capítulo 4, vou examinar quão representativos eles são realmente.

Para ser justo, no entanto, o sistema bancário não está tão em risco de disrupção como as empresas de tecnologia, como a Nokia ou a IBM, ou mesmo os varejistas físicos, como a Barnes & Noble. Compliance, requisitos de capital e regulamentos de governança são apenas algumas das coisas que não podem ser contornadas pela tecnologia. Mas se os bancos pensam que podem se apoiar na sua licença bancária, estão equivocados, pois a regulamentação está se tornando cada vez mais aberta aos não titulares de licença. Pagamentos e empréstimos são frentes que já estão sob ataque das fintechs, e, se os operadores estabelecidos não conseguirem criar uma nova tecnologia praticável, as primeiras rachaduras sérias surgirão no firewall regulatório. Esse é um cenário mais provável do que parece. Apesar de todo o poder de inovação e posição dominante de que gozam os gigantes do sistema bancário, os novos produtos podem falhar catastroficamente. A história do caixa eletrônico (ATM) mostra como uma configuração organizacional quase matou uma das tecnologias bancárias mais utilizadas hoje em dia.

Maneiras de superar a inércia — o caso do caixa eletrônico no Citicorp

Tecnologicamente, os anos 1960 assemelhavam-se ao mundo de hoje de muitas maneiras. Falava-se de invenções radicais e palavras que todos sabiam que transformariam a economia, mas ninguém sabia exatamente como. Considerando que hoje a discussão envolve blockchain ou criptomoedas, na época eram os computadores e a tecnologia on-line. Os bancos não tinham dúvidas sobre a direção que deveriam seguir, mas o destino exato e o caminho eram um mistério. O Citicorp tentou romper com tudo isso fazendo uma pergunta simples: do que os clientes precisam e como os avanços tecnológicos poderiam satisfazer essas necessidades? A resposta apontava para as redes de processamento de transações on-line como o futuro; uma rede automatizada e interligada que dava mais autonomia e flexibilidade aos clientes dos bancos na gestão e acesso ao dinheiro (detalhes em GLASER, 1988).

Para transformar essa visão em realidade, o Citicorp recorreu às principais empresas de tecnologia da época. No entanto, os líderes tecnológicos estavam relutantes em mergulhar e dedicar os enormes recursos que seriam necessários para desenvolver tais sistemas até que outras instituições financeiras se comprometessem também com a ideia de processamento de transações on-line. Para o banco, esperar significaria desperdiçar a vantagem de ser o primeiro, por isso eles tomaram as coisas nas próprias mãos e tentaram criar uma solução de programação interna. Mas fracassou catastroficamente. Simplificando, o esforço foi vítima dos problemas descritos pela tese da inércia: o back-office estava lutando para gerenciar os crescentes volumes de transações e, mesmo naquela época, nenhum gerente priorizaria um processo de desenvolvimento sobre o negócio do dia a dia, pois eventualmente eles e a equipe seriam julgados por este último. Além disso, um gerente de negócios do Citicorp naquela época normalmente permanecia no cargo por dois anos. Então, por que eles se preocupariam com uma tecnologia que poderia beneficiar a empresa em cinco anos, no mínimo? Assim, em 1969, o Citicorp externalizou o desenvolvimento técnico e de marketing e formou uma empresa independente, o Citicorp Systems, localizada perto da Universidade de Harvard em Cambridge, Massachusetts. A localização garantiria um influxo de talentos e seria próxima à comunidade de desenvolvedores de computadores. Após quatro anos, porém, ainda não havia resultados viáveis. Como o nome da subsidiária sugere, a nova organização não era suficientemente independente e era administrada muito de perto pela sede.

Em 1972, o Citigroup adotou mais uma abordagem que, na época, era muito pouco convencional. Fizeram um acordo com a Quotron

Corporation, uma empresa de TI de Los Angeles. A empresa deu ao Citicorp acesso a processadores, patentes de hardware e software, bem como a trinta engenheiros encarregados de aplicar a tecnologia da Quotron aos serviços financeiros. Uma nova entidade foi fundada em Los Angeles, a Transaction Technology Incorporated, e os trinta engenheiros da Quotron foram acompanhados pela equipe do Citicorp Systems. O Citicorp era o único proprietário, mas a empresa conseguiu encontrar o equilíbrio certo entre a estratégia corporativa e a independência necessária das operações do banco.

No entanto, o caminho para o sucesso não é fácil, mesmo que você tenha a estrutura corporativa adequada. O Citicorp sabia que queria construir uma rede de processamento de transações on-line e sabia que os clientes queriam um acesso mais fácil ao dinheiro, sem ter que ir à filial de origem e falar com o atendente. Uma abordagem era instalar terminais simples com depósito de dinheiro e mecanismo de distribuição nas lojas de varejo. Mas havia uma intensa discussão sobre se as máquinas realmente estimulavam o tráfego de varejo e se o banco ou o varejista se beneficiavam mais, tornando impossível chegar a um acordo sobre um modelo comercial. Assim, tecnologia semelhante foi transferida para os lobbies das 260 filiais do Citicorp em Nova York em 1976. Os lojistas também concordaram em instalar terminais de pagamento para lucrar com as compras sem necessidade de dinheiro. Para usar os caixas eletrônicos e terminais de ponto de venda (POS), os clientes receberam cartões de débito, ou, como eram conhecidos na época, "cartões mágicos intermediários". Os cartões de crédito também tinham faixas magnéticas que davam acesso aos serviços de caixas eletrônicos. O Citicorp percebeu o vasto campo de aplicação da nova tecnologia; os clientes agora podiam depositar e sacar dinheiro ou cheque em suas contas a qualquer momento. "O Citi Nunca Dorme" [The Citi Never Sleeps] tornou-se o slogan que significou essa promessa e posicionou o banco por muitos anos. Para garantir que essa promessa fosse cumprida, o Citicorp instalou pelo menos dois caixas eletrônicos por agência. Era um claro diferenciador. Nenhum outro banco poderia chegar perto de oferecer esse nível de serviço sem investir anos e milhões em pesquisa e desenvolvimento, e a concorrência levou até o início dos anos 1980 para se equiparar ao Citicorp.

Assim, o caixa eletrônico foi uma tecnologia que prometeu cortar radicalmente as despesas operacionais e melhorar a experiência do cliente. Soa familiar? Com o blockchain, vemos praticamente o mesmo panorama, então por que os atores de hoje estão tão hesitantes? Para começar, como era o caso naquela época, os benefícios só podem ser definidos retrospectivamente. Quando o Citi introduziu as máquinas, os outros bancos continuaram céticos. No início, os volumes limitados das transações fizeram com que os custos por transação fossem tão elevados que era mais barato continuar recorrendo aos atendentes. Mas o avanço deu ao Citibank um aumento sem precedentes na participação de mercado; após a introdução dos caixas eletrônicos, ela disparou de quatro por cento para 13,4 por cento. Os novos serviços atraíram um novo segmento de clientes, que também fez uso mais eficiente do sistema de agências subutilizado. Além disso, havia mais oportunidades de venda cruzada a clientes existentes porque o pessoal do caixa tinha tempo para mais atividades de vendas e serviços. Em 1988, a base de clientes triplicou em relação a 1977.

No início, os volumes limitados das transações fizeram com que os custos por transação fossem tão elevados que era mais barato continuar recorrendo aos atendentes.

Como um player dominante como o Citicorp, que tinha tudo à sua disposição, incluindo um protótipo e um gerenciamento voltado para o futuro, poderia achar tão complicado o caminho para o sucesso? Lembra de Clay Christensen e do seu trabalho sobre tecnologias disruptivas? Ele não só descreveu o fenômeno do fracasso das empresas vigentes, mas apontou duas razões principais para ele. Uma delas é, obviamente, a falta de recursos. A concorrência pode, de repente, exigir recursos diferentes e tornar os outros obsoletos. Se não o tem, que pena. Esse não foi o caso do Citigroup, nem será o caso dos bancos em um mundo de blockchain. Assim como o caixa eletrônico, o blockchain requer conhecimento específico de programação, mas os bancos já construíram maneiras de garantir o acesso a esse know-how de TI.

A segunda raiz do fracasso incumbente, de acordo com Christensen, é o processo de alocação de recursos (DANNEELS, 2004); uma empresa pode não ser configurada para permitir que a gerência siga uma direção diferente. Sua estrutura, seu processo, seu pessoal — tudo é direcionado para competir no mercado antigo. Mesmo que haja iniciativas dentro das empresas, os novos departamentos ou forças-tarefa perdem tempo e energia lutando por recursos — seja por talentos, orçamento, TI, seja por serviços internos. Felizmente, a investigação (DANNEELS, 2004) detectou uma forma eficaz de combater esses problemas, e está muito alinhada com a abordagem adotada pelo Citicorp. Para aproveitar a tecnologia disruptiva, é melhor criar uma organização distinta. É claro que cada nova entidade jurídica também representa uma carga burocrática adicional e um risco, de modo que nem toda inovação merece sua própria organização descendente. Iansiti, McFarlan e Westerman (2003) analisaram quando faria sentido fazer isso. Entrevistaram mais de cem empresas entre 1995 e 2003 e constataram que, se a complementaridade de recursos entre o existente e o novo empreendimento são decisivos e a coordenação exige muito esforço, é aconselhável manter uma estrutura de empresa única. Com o blockchain, pode fazer sentido separar o novo empreendimento inicialmente e, em seguida, reintegrar a empresa secundária em uma data posterior. A dependência dos recursos da empresa-mãe não é essencial e, na verdade, o legado de TI pode ser um grande obstáculo. No entanto, a reintegração será essencial; o blockchain é um facilitador tecnológico para prestar os serviços que os bancos já estão oferecendo atualmente, e os bancos devem esforçar-se por manter essas autonomias próximas e alinhadas com seus objetivos gerais.

Há cinquenta anos, os bancos eram suficientemente privilegiados para poderem experimentar as coisas e fracassar sem consequências drásticas.

Em retrospectiva, é fácil identificar problemas na maneira como as empresas se estabeleceram, mas para o Citicorp foi uma experiência dolorosa, e a busca pela solução certa estava longe de ser exata. Eventualmente, o banco conseguiu desenvolver um caixa eletrônico, estabeleceu uma filial e contou com trinta técnicos de uma empresa de TI parceira. Eles conseguiram o difícil equilíbrio de dar liberdade suficiente ao novo empreendimento e ainda assim mantê-lo alinhado com os objetivos gerais.

Os bancos devem aprender com a luta do Citicorp com o caixa eletrônico, assim como com as pesquisas. Há cinquenta anos, os bancos eram suficientemente privilegiados para poderem experimentar as coisas e fracassar sem consequências drásticas. Esses dias acabaram. Com tantos desafiadores que desejam assumir as áreas de pagamentos e empréstimos, não há espaço para erros. A pergunta natural a se fazer, portanto, é se os atuais participantes do mercado estão investindo adequadamente em tecnologia futura.

Em 2014, os bancos europeus, sozinhos, gastaram quarenta bilhões de libras em TI, e, desse valor, apenas sete bilhões de libras foram destinados à inovação.

Declarações de intenções ou prioridade estratégica — será que os bancos estão fazendo o suficiente?

Os bancos estão certamente tomando conhecimento do blockchain e 72 por cento deles já embarcaram na jornada pelo blockchain (DELOITTE; EFMA, 2016). Mais de cem deles se juntaram ao consórcio R3 enquanto, em 2016, os especialistas estimaram que as cem maiores instituições financeiras do mundo investiriam mais de um bilhão de dólares no blockchain nos próximos dois anos (HEIRES, 2016). Mas esses números são assim tão impressionantes? Comparar os investimentos com os orçamentos gerais de TI dos bancos e um bilhão de dólares parece insignificante. Em 2014, os bancos europeus, sozinhos, gastaram quarenta bilhões de libras em TI, e, desse valor, apenas sete bilhões de libras (17,5 por cento) foram destinados à inovação, e os outros 33 bilhões de libras foram usados para corrigir sistemas existentes (SKINNER, 2016). À primeira vista, isso parece um fragmento desproporcionalmente pequeno do orçamento de TI para dedicar a uma tecnologia destinada a desbancar o sistema atual.

E quanto à outra alegação do estudo da Deloitte de 2016, segundo a qual sete em cada dez bancos estão trabalhando em tecnologia blockchain? Esse número é, na verdade, um pouco enganador, e um olhar mais atento dirá que 43 por cento de todos os respondentes estão apenas na fase de aprendizado. Outros 17 por cento são ativos principalmente em consórcios ou outras atividades de inteligência de mercado, enquanto apenas seis por cento estão realmente construindo uma solução (DELOITTE; EFMA, 2016). Isso está muito longe do entusiasmo prometido pelo valor inicial. A razão para essa lentidão pode ser encontrada na mesma pesquisa: 53 por cento dos banqueiros estão convencidos de que os blockchains centralizados e orientados por consórcios estabelecerão o padrão para a adoção em massa. O segundo maior grupo (dezoito por cento) vê os blockchains de propriedade da empresa como o motor da transformação. Poucos entrevistados acreditam que cada banco precisará criar a própria solução, mas que uma abordagem centralizada ou compartilhada prevalecerá. Se os concorrentes imediatos forem vistos como colaboradores, e não como rivais, isso dificulta a urgência geral de criar protótipos concretos e deixa-os vulneráveis aos novos operadores no mercado.

Portanto, não é de admirar que os banqueiros se reúnam em consórcios, mas a adesão a um consórcio não demonstra necessariamente empenho. O limite é baixo; para o consórcio R3, é de 250 mil dólares por ano para um lugar no conselho e chega a cinco mil dólares para uma associação geral (IRRERA, 2017). Os céticos acusam rapidamente os bancos de falta de apetite. Os consórcios são vistos como uma forma de simplesmente diversificar o risco; se a revolução do blockchain acontecer, os participantes podem dizer que sempre fizeram parte dela, sem ter colocado nada em risco.

No passado, os bancos aprenderam que a cooperação funciona, mas os orçamentos apertados são igualmente responsáveis pela falta de progressos maiores. As taxas de juros que baixam cada vez mais e o aumento dos gastos operacionais forçados pela diligência prévia reduziram os orçamentos de inovação (DEUTSCHE BANK, 2016). Os banqueiros estão ocupados aumentando as reservas de capital, combatendo um ambiente regulatório hostil e saindo de mercados de risco. Qualquer gestor que queira salvaguardar sua carreira terá de ser cuidadoso antes de argumentar a favor de investimentos que aparecerão no lado errado do balanço do próximo ano. No meio de todas as questões em aberto, uma coisa é certa: os benefícios do blockchain não se acumularão de um dia para o outro.

Já é difícil prever o quão disruptivo será o blockchain, mas é ainda mais difícil de adivinhar quando isso poderá acontecer. Há várias estimativas, a mais confiável vinda da Finextra e da IBM (2016), que preveem que o blockchain levará de cinco a dez anos para ser integrado. Não é raro que uma tecnologia leve anos, às vezes décadas para chegar à adoção em massa, e normalmente leva ainda mais tempo para que a produtividade aumente — pois é necessária uma massa crítica (QUINN; BAILY, 1994). Esse efeito de atraso não se aplica apenas às TI, mas também a outras indústrias: demorou trinta anos após o motor elétrico ter feito sua estreia nas fábricas para a produtividade aumentar com ele. Uma nova geração de gerentes foi necessária para compreender plenamente o potencial e introduzir novos processos (BRYNJOLFSSON; MCAFEE, 2014). Esse fenômeno foi chamado de "paradoxo da produtividade" (DAVID, 1989). Quer olhemos para o computador, o dínamo, quer para o motor a vapor, foi preciso mais de duas décadas e uma transição de um "regime técnico-econômico" para outro para a difusão de novas tecnologias. Cada uma dessas inovações radicais desencadeou uma onda de melhorias técnicas incrementais que, no início, prejudicaram a produtividade. Ninguém sabe quais aplicações o blockchain ainda tem de desencadear, mas isso não significa que as empresas possam demorar o quanto quiserem para mudar de tecnologia. Pesquisas corroboram o que você talvez adivinharia intuitivamente (DAVID, 1989): as empresas que mudam primeiro são as que mais lucram com a nova tecnologia. Pode levar anos para que o investimento no blockchain se manifeste no desempenho financeiro dos bancos, mas, eventualmente, é o que acontecerá.

Assim, sabemos agora quando esperar a implementação e o retorno do investimento, mas ainda estamos presos à pergunta inicial: os bancos estão fazendo o suficiente? Para colocar as ações dos bancos em perspectiva, é necessário mais teoria empresarial. Alguns estrategistas veem a inovação como algo que, num piscar de olhos, atinge empresas e clientes, altera as forças competitivas e desorganiza a estrutura de mercado. A verdade é que a inovação não vem do nada. Não é concedida a empresas como o fogo de Prometeu. Em vez disso, passa por três etapas principais: fluida, transitória e específica (cf. modelo de dinâmica de inovação em UTTERBACK, 1994). Às vezes, as fases podem ser mais curtas ou mais longas, mas sempre ocorrem, e sempre na mesma sequência.

A fase fluida é caracterizada por altas taxas de inovação de produto em uma indústria, como as empresas competem no desenvolvimento de novos produtos de design. Não há melhor exemplo do que a atual mania de novas criptomoedas. Todos os dias novas ofertas iniciais são lançadas e novas indústrias são supostamente transformadas por algum novo token. Diferentes modelos técnicos e comerciais são inventados, adaptados ou combinados, mas não são melhorados. Nessa fase inicial, há uma baixa taxa de inovação de processos. As empresas estão tentando encontrar a direção certa antes de ficarem atoladas em detalhes. O blockchain está, sem dúvida, na fase fluida. Na fase transitória subsequente, o panorama muda. A taxa de inovação do processo ultrapassa a inovação em desaceleração do produto e acelera o surgimento de designs dominantes. Os produtos são aperfeiçoados, os custos reduzidos e as duras guerras de marketing são tão ferozes quanto sempre foram. Finalmente, o mercado entra na fase específica, que é quando a inovação de produtos e processos se estabiliza.

O modelo de dinâmica de inovação é útil porque permite determinar que ator terá uma vantagem em que fase, porque cada passo requer uma gama específica de capacidades. Na fase fluida, uma empresa com fortes competências na concepção e desenvolvimento de inovação de novos produtos é mais competitiva do que as empresas que não dispõem de tais recursos estratégicos. As fintechs são mais ágeis que os gigantes bancários. Se você abrir a página do jornal sobre fusão e aquisições, não deve ser muito difícil discernir o quão procuradas elas são. São elas que impulsionam a inovação do produto e a fase embrionária. Os bancos, por outro lado, têm as mãos cheias para descobrir qual grupo de aplicação irá eventualmente ter sucesso e como superar a inércia. Espere que eles alavanquem seus pontos fortes apenas na fase transitória. Uma vez definida a concepção correta do produto, os recursos maciços desencadearão uma avalanche de inovação de processos.

São as fintechs que impulsionam a inovação do produto e a fase embrionária.

Esse modelo dinâmico de inovação retrata a difusão do produto no mercado e, como tal, está indissociavelmente ligado às fases iniciais do ciclo de vida da tecnologia ou TLC (LEVITT, 1965) que descreve a evolução dos ganhos comerciais. De acordo com o TLC, uma nova tecnologia aumenta o volume do mercado ao longo do tempo, passando assim pelas fases de desenvolvimento, crescimento, maturidade e declínio do mercado. Em um diagrama, a substituição de uma tecnologia vigente por uma nova tecnologia se parece idealmente com uma curva S, uma vez que tem um início lento, um aumento acentuado, um patamar na fase de maturidade e um declínio constante que coincide com o crescimento de uma nova tecnologia sucessora. Além disso, na fase de maturidade, a lei dos rendimentos decrescentes, de Wolf (1912), entra em vigor, o que significa que faz cada vez menos sentido investir na tecnologia estabelecida.

O desenvolvimento do TLC do mercado coincide com a fase fluida, assim como o crescimento com a fase transitória. Assim, se um inovador não tem capacidade para escalar sua tecnologia, acabará tendo menos dinheiro do que um emulador que domina a fase transitória. Por conseguinte, faz sentido que as startups de blockchain estejam sob maior pressão para encontrar um parceiro bancário ou para conquistar uma posição única do que as empresas já estabelecidas. Isso explica o frenesi e a abordagem "tudo ou nada"; se uma startup permanecer na mediocridade após a fase fluida, ela nunca conseguirá se tornar grande. Isso responde também à nossa pergunta inicial: sim, os bancos estão fazendo o suficiente. Eles estão fazendo o suficiente porque não precisam produzir centenas de designs, eles só precisam escolher o vencedor, depois melhorá-lo e escalá-lo rapidamente. Consórcios, financiamento de startups e incubadoras de tecnologia são exatamente os métodos que você esperaria ver no estágio fluido. Existem, no entanto, empresas que podem combinar os pontos fortes de ambos os grupos: gigantes que recolhem dados. Continuaremos a considerá-los no Capítulo 4.

Nota

1. https://www.nilsonreport.com/publication_the_current_issue.php

CAPÍTULO QUATRO

Os monstros de dados estão chegando

Mito: "As fintechs são os principais adversários dos bancos."

Quem são aquelas fintechs que estão fazendo os bancos tremerem de medo?

Uma regra antiga diz que, quanto maiores os vigentes de uma indústria, menores são as chances para os recém-chegados. Durante séculos os bancos têm sido uma prova dessa sabedoria. No entanto, na última década, o panorama vem mudando. As chamadas fintechs — startups de TI que tentam melhorar ou revisar a cadeia de valor dos serviços financeiros atuais — desejam uma fatia do inchado bolo de lucros. As mais perigosas para os bancos são aquelas que trabalham com tecnologia blockchain, e, no momento em que escrevo, há cerca de 1.032 no total (STATISTA, 2018).

As startups financeiras garantem investimentos a um ritmo sem precedentes. A KPMG (2017) estima que o investimento em fintechs atingiu um recorde de alta em 2015: 46,7 bilhões de dólares. O dinheiro que entrava naquela época alimentava um exército de unicórnios (um unicórnio é uma startup avaliada em um bilhão de dólares ou mais). Em meados de 2014, dezessete fintechs haviam alcançado o status de unicórnio, mas apenas doze meses depois o número havia subido para 83 (SKINNER, 2016). Com esse investimento veio uma imensa sensação de otimismo. No entanto, após anos de hype inabalável, o fluxo de dinheiro, em seguida, começou a mostrar fadiga. Os recursos financeiros que as fintechs podem utilizar provaram estar longe de ser infinitos; os investimentos não só atingiram um platô como também sofreram um declínio acentuado. Em 2016, apenas 24,7 bilhões de dólares foram investidos na fintechs, 47 por cento menos do que no ano anterior. Isso não significa, no entanto, que as fintechs devam ser descartadas como uma moda. Elas são uma multidão diversificada, e a tendência negativa de 2016 não se aplica às startups de blockchain. Chris Skinner (2016), um importante analista do sistema bancário, apresenta uma categorização útil aqui. Em termos gerais, existem três tipos de fintechs: as "invólucras", que constroem soluções em cima do sistema financeiro existente e simplesmente tentam simplificar a experiência do usuário (por exemplo, PayPal); as "substitutas", que querem eliminar terceiros e, portanto, vigentes (por exemplo, financiadores P2P, como ANT Financial ou Lendo); e as "reformadoras". Estas são as que devem dar aos líderes financeiros de hoje a maior dor de cabeça, pois estão alavancando tecnologias essenciais, em particular a telefonia móvel e o blockchain. Eu discordo de Skinner a respeito de o celular ser tão transformador, porque as invólucras também usam a tecnologia: por exemplo, o PayPal funciona tão bem em um telefone quanto em um desktop. As fintechs que lidam com pagamentos em blockchain são as reformadoras prototípicas, uma vez que o seu objetivo é contornar ou transformar radicalmente o atual sistema bancário. Ao contrário das fintechs em geral, o capital injetado nelas não mostra sinais de diminuir. Pelo contrário, passou de 441 milhões de dólares em 2015 para 543,6 milhões de dólares em 2016 (KPMG, 2017). Essas empresas blockchain não são todas iguais; algumas estão codificando novos protocolos fundacionais, como bitcoin ou Ethereum, algumas estão desenvolvendo serviços de valor agregado ou aplicativos que executam esses protocolos, como Mastercoin, e algumas podem ser carteiras de programação, aplicativos especiais que ajudam os usuários a gerenciar a criptomoeda. Elas diferem em complexidade, potencial de lucro e reivindicação ao poder. As plataformas estão no topo da lista. Bitcoin ou Ethereum são poderosos protocolos de blockchain que sustentam uma série de outras tecnologias, assim como o Android ou iOS são sistemas sob os quais milhões de aplicativos de telefonia móvel são executados. Tal como os aplicativos para telefones celulares, aqueles baseados em blockchain estão lutando pela onipresença. Até recentemente, os pagamentos têm sido o negócio principal, mas os empréstimos estão rapidamente ganhando terreno. Em 2014, os bancos norte-americanos ganharam 150 bilhões de dólares nos mercados de crédito e o Goldman Sachs (2015) estima que não bancos poderiam arrecadar mais de onze bilhões de dólares de lucros anuais ao longo de cinco anos.

Mas o que torna essas startups tão poderosas? Por que razão são capazes de agarrar uma parte tão grande do mercado em uma indústria em que os gigantes estão presos num impasse? Em linguagem de gestão, a resposta é as competências essenciais — recursos ou ativos únicos que outros atores do mercado não podem imitar. Em primeiro lugar e acima de tudo, as fintechs possuem o know-how tecnológico que bancos, processadores e empresas de cartões de crédito não possuem. A maioria das startups de blockchain foram criadas com o propósito específico de construir plataformas ou aplicativos baseados em blockchain. As equipes fundadoras consistem em desenvolvedores altamente especializados; os aplicativos não precisam ser adaptados à infraestrutura legada existente; e a cultura experimental necessária para ter sucesso no estágio embrionário do ciclo de vida da tecnologia permeia escritórios e garagens. Se aparecer uma nova rota, podem explorá-la instantaneamente. Se, ao longo do caminho, isso se mostrar promissor, eles podem unir forças com outros viajantes corajosos. Se um projeto chegar a um beco sem saída, pode ser cortado sem cabeças rolarem ou sem uma rebelião dos acionistas. As jovens fintechs e, principalmente, as de pequeno porte têm agilidade e flexibilidade para poder seguir a direção do mercado com facilidade. Nada deixa isso mais claro do que o exemplo das decisões de crédito. Enquanto os bancos podem levar semanas para decidir, o empréstimo P2P ocorre em segundos. As fintechs começam como uma página em branco e podem dedicar toda a energia a novos produtos. Os bancos, por outro lado, precisam bombear mais de setenta por cento de suas despesas de TI para manter os sistemas legados funcionando, deixando apenas cinquenta bilhões de dólares para a inovação. Além disso, um estudo do Citi GPS (2016) constatou que a relação entre manutenção e novo desenvolvimento está piorando, o que é uma tendência preocupante para os bancos.

Apesar de todas essas vantagens competitivas, atualmente há áreas nas quais as fintechs não podem competir com os bancos. Elas não têm intimidade com o cliente; não possuem históricos de crédito completos ou conhecimento sobre poupança e hábitos de gastos de milhões de clientes. Falta a elas também uma infraestrutura tecnológica escalável; só a rede Visa é mais de sessenta vezes maior do que toda a atividade de bitcoin no mundo inteiro (COINOMETRICS, 2016). Acima de tudo, as fintechs não podem competir com as duas maiores áreas em que os bancos tradicionalmente se destacam — uma marca forte e recursos financeiros. Mesmo com o aumento do investimento acima mencionado, o dinheiro que entra em toda a indústria de fintechs totaliza apenas cerca de 0,5 bilhão de dólares, uma quantia que se perde em comparação com o poderio financei-

> *As fintechs não podem competir com as duas maiores áreas em que os bancos tradicionalmente se destacam — uma marca forte e recursos financeiros .*

ro de um único banco. Portanto, é difícil acreditar que as fintechs possam suportar todo o segmento de pagamentos em breve, muito menos toda a indústria bancária ou financeira.

Deixando todas essas preocupações de lado, os analistas apontam para as quedas colossais da Nokia ou Kodak, que nós vimos no Capítulo 3. Especialistas criam hype sobre o bitcoin, tendendo a minimizar suas restrições técnicas, alegando que, assim como a telefonia e a fotografia, o bitcoin vai virar os bancos de cabeça para baixo assim que os detalhes forem corrigidos. Como vimos em capítulos anteriores, o frenesi não se limita a blogs ou publicações do LinkedIn; jornais sérios se juntaram ao debate com acadêmicos que documentam sistematicamente como a destruição criativa faz com que os líderes da indústria sejam derrubados. A tese de inércia, por exemplo, forneceu uma explicação científica para o fracasso dos que já estão estabelecidos, apesar de seus recursos massivos. Clay Christensen, pai do conceito de "destruição criativa", ainda é um dos poucos nomes regularmente destacados do quadro da Harvard Business School (THE ECONOMIST, 2017), apesar de seu trabalho mais conhecido ser datado de 1997. Os entusiastas do blockchain citam esses trabalhos para dar autoridade ao prognóstico sombrio para bancos e outros interessados.

No entanto, uma análise dos números mostra que o desmoronamento das gigantes por causa da inércia é mais uma exceção do que a regra, e vários estudos refutam a alegação de que os recém-chegados impulsionam a inovação. Chandy e Tellis (2000) examinaram inovações radicais de produtos ao longo de 150 anos e descobriram que, desde a Segunda Guerra Mundial, três quartos das inovações que mudaram o cenário vieram de empresas já existentes. Outros (KLEPPER; SIMONS, 2000) apontam que todos os fabricantes de TV norte-americanos vieram da fabricação de rádio. Methe *et al.* (1997) estudaram os fabricantes de dispositivos médicos e de telecomunicações, mostrando que as empresas vigentes introduziram a maioria das principais inovações. Ouvir as necessidades dos clientes antes dos outros prova-se sempre ser a melhor maneira de se manter à frente de todos, seja autocanibalização ou não. Para ser justo, mesmo os ávidos defensores do conceito de destruição criativa, como Christensen (CHRISTENSEN; BOWER, 1996), refutam a alegação de que as empresas vigentes sempre são vítimas da inovação destruidora de competências. Mas a complexidade de seu trabalho não é algo que se encaixa em um tweet ou duzentas palavras de um editorial. Às vezes parece que o debate popular não só negligencia os detalhes desses livros e artigos inovadores, mas também o espírito com que foram escritos. Do ponto de vista dos especialistas, é compreensível: a queda da Kodak envia ondas de choque maiores do que uma série de melhorias incrementais por um líder de mercado. Mas como é que essa noção simplista foi capaz de prevalecer? Como é que as especulações puderam crescer tanto?

A resposta está na estrutura arquetípica subjacente da história nos bastidores. Isso desencadeia um dos nossos quadros culturais mais poderosos: a história de Davi *versus* Golias. O pequeno mas justo Davi enfrenta um desafio insuperável contra o gigante Golias e triunfa contra todas as probabilidades. É uma história que funciona particularmente bem, porque todos conhecemos seus contornos básicos. Codificado em nosso DNA cultural, é um enredo que toda criança aprende ao crescer e se repete sempre na Bíblia, nos desenhos animados, no cinema. Pesquisas feitas por cientistas da comunicação descobriram que esse quadro canaliza automática e subconscientemente as percepções e expectativas dos seres humanos (DAHINDEN, 2006). As implicações normativas para o mundo bancário não poderiam ser mais claras: os grandes operadores estão sufocando as pessoas, e só um herói ágil e subestimado pode derrubá-las.

A crise financeira de 2008 deu origem a um enorme sentimento antibancário entre o público em geral. Qualquer que fosse o jornal que abrissem, qualquer que fosse o canal de televisão que vissem, não podiam escapar à ideia de que era a ganância dos banqueiros que custava empregos e prosperidade em todo o mundo e que desalojava as pessoas de suas casas. Essa raiva reprimida persiste hoje e pode ser reacendida na vida cotidiana quando os consumidores veem os encargos de transação para transferir valores digitais de uma conta para outra. Naturalmente, não têm conhecimento da complexa infraestrutura tecnológica e administrativa que lhe está subjacente. As pessoas também não estão comovidas a pagar por isso, uma vez que encargos de transferência e taxas de desconto são pagas pelas empresas de varejo, não pelo consumidor. A maioria das pessoas nunca ouviu sequer termos como processamento ou liquidação, e elas não entendem por que demora tanto tempo para o dinheiro ser transferido de uma conta para outra quando os e-mails são recebidos instantaneamente. Então imagine as pequenas startups, ostentando a tecnologia blockchain e prometendo intercâmbios imediatos e gratuitos. Elas traçam paralelos com Google, Facebook ou Uber. Sua comunicação enfatiza o *ethos* do Vale do Silício de trazer prosperidade e conectividade para o mundo por meio de novas tecnologias e da engenhosidade humana. A mídia e as massas enlouquecem, se animam porque o resultado da batalha parece familiar e inevitável. Todos sabemos como acaba a história: Golias caiu com um único tiro certeiro. Esse tiro poderia ser o blockchain, uma tecnologia que permitiria ao mundo mover valores de graça. Essa concepção ignora dois pontos cruciais: em primeiro lugar, as fintechs são alimentadas pelo capital dos operadores históricos. Nos próximos dois anos, um bilhão de dólares será investido no blockchain pelas cem maiores instituições financeiras do mundo (HEIRES, 2016). Os especialistas do setor também consideram que os esforços dos bancos para revolucionar a tecnologia financeira são pelo menos tão sérios e promissores quanto os das fintechs. Isso é particularmente verdade na Europa, onde os líderes financeiros de hoje guiam a revolução bancária tanto quanto os adversários. Os Estados Unidos estão lotados das principais empresas de tecnologia de ponta trabalhando em ritmo acelerado, mas os bancos não estão muito atrasados. É apenas em alguns territórios

Nos próximos dois anos, um bilhão de dólares será investido no blockchain pelas cem maiores instituições financeiras do mundo.

como Japão ou Hong Kong que as fintechs são o principal motor de convencimento da inovação (CITI GPS, 2016). A segunda falha da aplicação do quadro Davi *versus* Golias ao mundo bancário contra o blockchain é muito mais profunda: Golias não está lutando contra Davi, mas contra outro Golias.

Monstros de dados — os verdadeiros desafiadores que têm conseguido fugir do radar

Nos negócios, a maioria dos Golias é massacrada por outros Golias — uma verdade inconveniente muitas vezes esquecida nas discussões sobre blockchain. A teoria da gestão faz a distinção entre os novos participantes no mercado e a diversificação dos participantes no mercado. Os primeiros são novatos completos, os clássicos Davis; fintechs, no caso do blockchain. Por outro lado, as empresas que entram no mercado são empresas que têm tido sucesso em outras arenas e se esforçam para expandir seu alcance. Esse grupo é frequentemente negligenciado, no entanto, na maioria das mudanças tecnológicas, são os operadores diversificados que penetram no mercado porque são especialistas em capacidades que de repente se tornam relevantes para a nova geração de produtos ou serviços. Eles também têm enormes recursos à disposição, ao contrário das startups. Quando a Polaroid, fabricante de câmeras, falhou, não foram novatos que assumiram o controle, mas empresas como a Canon e Nikon que trouxeram sua experiência com optoeletrônica para a mesa. O poder de diversificar os participantes não é provado apenas por evidências curiosas, mas membros fantasmas dos mais elitizados círculos de estratégia de gestão, como Michael Porter (1979), que os veem como a maior ameaça para os concorrentes. O mais complicado é identificar o quanto antes os que estão entrando. Para fazer isso, é necessário saber quais competências são susceptíveis de se tornar centrais uma vez que a inovação atinja o mercado.

Uma tecnologia como o blockchain, que desafia uma das maiores indústrias do mundo, não pode viver apenas de programadores e algoritmos. Ledgers distribuídos e aplicativos são apenas uma parte da infraestrutura informática que permite pagamentos e transações. Armazenamento, arquivamento, comunicação e serviço de arquivos — o blockchain não pode funcionar sem eles, e todos eles ocupam um espaço imenso no disco rígido. Os blockchains também têm um fim de vida. Quando saem do negócio, ainda precisam estar acessíveis, com cada ledger arquivado. Os contratos redigidos em um antigo blockchain devem manter a validade — não podem perdê-la devido a uma atualização tecnológica ou porque o fornecedor da plataforma em que o contrato foi redigido entrou em falência. Esse é o momento para os gigantes da computação em nuvem, principalmente Amazon, Microsoft, IBM e Google.

Esses gigantes não devem ser subestimados, ou rotulados como meros fornecedores de recursos brutos do servidor. Percebendo o enorme potencial de receita do blockchain, os líderes da indústria da nuvem optaram por uma estratégia de diferenciação; blockchain-as-a-service (BaaS). Falamos sobre o BaaS no Capítulo 3. Em vez de reduzirem os preços uns dos outros, esses provedores de nuvem estão trabalhando no BaaS, que oferece a infraestrutura do servidor e o ambiente de software necessário para que os usuários eliminem a complexidade de preparar e configurar o próprio ecossistema de blockchain. Essa notícia não é boa para as empresas já estabelecidas, uma vez que perdem uma das suas vantagens competitivas nos serviços financeiros, visto que as empresas menores ou os bancos podem alugar infraestruturas de blockchain sem investimentos de capital. Sem desenvolvedor de software, sem integração complicada com o sistema já existente e sem perigo de apagões causarem tempos de inatividade. Os gigantes da nuvem não só conquistam participação de mercado para si, como também nivelam as condições de concorrência para bancos e empresas menores. A concorrência intensifica e reduz os lucros em toda a cadeia de valor. As funcionalidades do BaaS não são, de forma alguma, inferiores às soluções internas. A IBM tem um sistema blockchain baseado em Hyperledger que inclui capacidade de contato inteligente, e a Amazon e a Microsoft estão seguindo o exemplo. A Microsoft inclusive é membro do consórcio R3 CEV. A adaptabilidade também não é problema, pois o ambiente seguro na nuvem permite que os usuários desenvolvam as próprias soluções. Os provedores de nuvem também terão um peso extremo porque estão muito concentrados — Amazon, Microsoft, IBM e Google detêm 56 por cento do mercado global de computação em nuvem (SYNERGY RESEARCH GROUP, 2016). Apesar de tudo isso, as empresas puramente de nuvem nunca serão capazes de reduzir o negócio principal dos bancos, pois eles estão muito distantes do cliente final. A IBM não suscita o mesmo tipo de culto de adoração que a Apple. Os participantes realmente perigosos da diversificação virão de outro lugar: as empresas globalmente dominantes de coleta de dados — plataformas de busca, redes sociais, gigantes do comércio eletrônico — são muitas vezes negligenciadas na discussão sobre blockchain. Isso não é surpreendente, já que empresas de internet como a Apple ou o Facebook ainda não tentaram competir no mundo bancário do blockchain. Esses gigantes de dados estão explicitamente silenciosos com relação ao novo desenvolvimento tecnológico e, publicamente, parece que não estão fazendo nenhum esforço nesse sentido. Mas isso vai mudar. Em 2017, a Apple requereu uma patente de blockchain para certificar a verificação dos timestamps (DE, 2017). Não é coincidência que uma pesquisa realizada com clientes de bancos do Grupo CGI (2017) atribuiu o maior impacto disruptivo nos pagamentos à Apple, Google e Amazon (cada um acima de quarenta por cento). A única empresa de blockchain que entrou na lista foi o Ripple (quinze por cento), cuja representatividade de startups de blockchain é frequentemente contestada por causa de seus fortes laços com o mundo bancário. Todas as outras empresas blockchain totalizaram apenas nove por cento.

Os participantes realmente perigosos da diversificação virão de outro lugar: plataformas de busca, redes sociais, gigantes do comércio eletrônico.

Apple Pay, Android Pay, Samsung Pay e Microsoft Wallet são pistas que esses coletores de dados estão fazendo movimentos em direção ao campo de pagamentos em blockchain e se posicionando onde eles são mais fortes: no front-end. O Google vai um passo além com o Google Wallet Balance, uma funcionalidade do Gmail que lhe permite anexar dinheiro a um e-mail, tal como um documento. Até os grandes varejistas estão lutando pela interface de carteira dos consumidores; o Walmart lançou seu sistema de pagamento móvel próprio, o "Walmart Pay" (WALMART, 2015). A Amazon é outra empresa que vive de dados e disputa pelo front-end. Usando a interface da Amazon e o histórico de pagamentos, os consumidores podem fazer compras em outras lojas da internet sem ter de criar novas contas virtuais ou compartilhar seus detalhes de pagamento. No entanto, a Amazon, tal como o Google, é também prototípica do grupo dos gigantes das nuvens, tornando-se um dos principais concorrentes do mercado global de pagamentos. Esses híbridos combinam recursos sem precedentes de ambos os grupos e são, portanto, os dois maiores pleiteadores. Não acredita em mim? Dê uma olhada no Leste Asiático e verá como a lógica se desenrola. O Baidu, o Google da China, oferece seu BaaS desenvolvido internamente sob o nome "Baidu Trust" desde 2018 e está sendo usado para coisas como moedas digitais, seguros, faturamento e gerenciamento de crédito. Tencent, outro gigante chinês da internet, anunciou sua própria suíte blockchain em 2017 (SUNDARAJAN, 2018).

A Amazon é uma das principais concorrentes do mercado global de pagamentos.

É preciso ressaltar que as interfaces de pagamento dos gigantes de dados ocidentais não são necessariamente baseadas em blockchain, no entanto, eles posicionaram as grandes empresas de software como provedores de pagamento. Com o advento do blockchain, existe o potencial para que eles tenham uma oferta de serviços financeiros competitiva e ganhem rapidamente uma escala crítica, ao mesmo tempo em que contornam o sistema bancário atual. Os coletores de dados são o protótipo das empresas de mentalidade digital; eles são os perpetradores dos novos modelos de negócio e têm a infraestrutura tecnológica necessária para sustentar tais empreendimentos. O know-how tecnológico, por outro lado, é questionável. Naturalmente, as empresas de software estão repletas de programadores e engenheiros de software, e até mesmo de especialistas em criptografia, e a incursão na área de pagamento terá ajudado a acumular conhecimentos específicos internamente. No entanto, como praticamente não existem projetos de blockchain conhecidos do público, isso leva-o a questionar quantos bons programadores de blockchain realmente codificam sob seus telhados.

Hoje, a intimidade com o cliente é provavelmente a mais procurada nova fonte de vantagem competitiva. Empresas como Google sabem o que procuramos, o que escrevemos em e-mails, com quem interagimos e que lugares frequentamos. As redes sociais analisam quem conhecemos, a intensidade com que os conhecemos e quais os cargos que mais provavelmente chamarão nossa atenção. O LinkedIn acrescenta um registro imaculado da nossa vida profissional e faz crescer a pilha de dados por outra camada. Os revendedores on-line podem calcular quais produtos provavelmente compraremos e o que valorizamos no processo de pagamento. O nosso comportamento de clique diz como lemos, quais os anúncios a que respondemos e o que influencia nossa vontade de gastar dinheiro. Com a penetração em massa da biometria nos celulares, as empresas de software podem até ligar impressões digitais, batimentos cardíacos ou escaneamento da íris ao perfil digital de uma pessoa. Tudo isso é apenas informação padrão recolhida a partir de aplicativos que a maioria das pessoas usa diariamente; existe um aplicativo pronto para capturar dados para quase todas as áreas da vida de um ser humano. A App Store da Apple contava com 2,2 milhões de aplicativos em março de 2017, enquanto o Google Play atingiu incríveis 2,8 milhões (STATISTA, 2017). Essas empresas sabem como transformar esses dados em dólares. A tecnologia blockchain reduz os custos de transação ao máximo, e os serviços financeiros podem ser oferecidos gratuitamente. Esse mode lo joga nas mãos de gigantes de dados, cujos modelos de negócios já estão voltados para ganhar dinheiro com serviços gratuitos. Vender publicidade personalizada altamente precisa é o ganha-pão diário. Vamos analisar os modelos de negócio com mais detalhe no Capítulo 6.

Marcas mundialmente reconhecidas e confiáveis são outro grande ativo dos titãs tecnológicos. Google, Apple e Amazon estão no auge das listas globais de avaliação de marca há anos. A distância entre essas três primeiras marcas e todas as outras é impressionante. As marcas valem, respectivamente, 109, 108 e 106 bilhões de dólares. A AT&T vem em quarto lugar com "apenas" 87 bilhões de dólares. O Facebook está no número nove, seguido pelo ICBC chinês, o único banco que chegou ao Top 10 (BRAND FINANCE, 2017). Os grupos bancários globais são fortes entre os Top 100, mas os gigantes de dados são muito mais concentrados e menos regionais.

Graças aos vastos recursos de que dispõem os gigantes dos dados, existem duas estratégias genéricas à disposição: podem utilizar as marcas como chave para uma estratégia de diferenciação ou desempenhar o papel de líder de custos. A experiência de ganhar dinheiro com serviços gratuitos, com despesas gerais baixas, é uma receita comprovada para captar rapidamente a cota de mercado. Atualmente, as duas estratégias são fundidas, embora a Apple seja mais voltada para serviços pagos e aborde um segmento premium com seu hardware. Ao mesmo tempo, o Google e a Apple estão alavancando suas marcas e a intimidade do cliente para atrair os clientes para longe dos bancos. No entanto, como veremos mais adiante, o exemplo da Apple Pay mostrou-nos que sua entrada bem sucedida no mundo bancário, quanto mais seu domínio, não deve ser aceita sem investigação.

Pagamentos como a linha de frente e por que carteiras móveis são um divisor de águas

Pagamentos móveis, carteiras digitais e Apple Pay — quem diria que o entusiasmo de se livrar de um pequeno pedaço de plástico poderia causar tal repercussão? A conversa sobre pagamentos sem contato por smartphones chegou ao auge em 2016 com notícias dizendo que em breve poderíamos colocar nosso banco em sua totalidade em um aplicativo. A curiosidade transcendeu de longe as revistas comerciais e conferências de pagamentos; em um estudo de 3,5 milhões de conversas em mídias sociais, a Mastercard registrou que as carteiras digitais eram, de longe, as mais faladas sobre tópicos de pagamento, capturando 75 por cento das conversas relacionadas a pagamentos (PYMNTS, 2017). O fato de esse tópico ser tão acessível alimentou o hype. Quase todos os usuários de mídias sociais possuem um smartphone e o processo não poderia ser mais simples de entender: você toca o telefone no terminal, assim como você faz com seu cartão por aproximação. Os consumidores estavam familiarizados com o mecanismo e estavam principalmente interessados na interface do usuário. Discussões sobre a forma como funcionava ou qual era o método mais seguro mal chegaram às notícias.

Então, qual foi o tamanho do sucesso de todos esses empreendimentos móveis? Vamos voltar ao Apple Pay. Em 2014, no ano em que o novo produto deveria tomar o mercado de assalto, os bancos cooperantes pagaram quinze pontos-base (ou seja, 0,15 por cento) à Apple por transação apenas para estarem a bordo. Apesar de ter sido a Apple que pegou toda a publicidade e o front-end, esses bancos estavam se alinhando para fazer parceria com ela. Todos os principais esquemas de cartões de crédito e grandes bancos, como Bank of America, Capital One Bank, Chase, Citigroup e Wells Fargo, participaram, mas foi a Apple que dominou as notícias (NYKIEL, 2014). Os varejistas prontamente suportaram os custos de atualização dos terminais, tentando aproveitar o impulso da Apple, e uma rede gigantesca de aceitação foi construída em tempo recorde. No entanto, apesar do frenesi, apesar de a companhia estar sentada em uma montanha de dinheiro semelhante à de Creso e apesar de seu charme de marca cultuada, a adoção de clientes fracassou (WEBSTER, 2017). A Apple ainda não publicou nenhuma estatística oficial de uso, mas as pesquisas sugerem que a adoção foi ruim. Em dezembro de 2017, apenas três por cento usou o Apple Pay para transações elegíveis. A pesquisa levou em conta apenas adultos que possuem um smartphone e lojas que aceitam o Apple Pay, então, se você definir o valor em relação a toda a população e todas as visitas às lojas, três por cento se torna cada vez menor. Assim, a empresa que estava liderando todo o movimento de pagamentos móveis nos EUA não estava à altura das expectativas. Samsung Pay e Android Pay não foram diferentes: atingiram 1,4 por cento e 1,2 por cento no mesmo período. Curiosamente, o Walmart Pay ultrapassou a Apple com 5,6% (PYMNTS/INFOSCOUT, 2018a). Há, naturalmente, proponentes do pagamento móvel que contrariam esses números, apontando para taxas de crescimento de dois dígitos, mas fariam bem em lembrar-se da minúscula base inicial. Para compreender as proporções, dê uma olhada na China. Sua população é aproximadamente quatro vezes maior que a dos Estados Unidos, mas seu número de transações de pagamento móvel é cinquenta vezes maior (CHINA ECONOMIC NET, 2017).

Assim, ao contrário de suas contrapartes chinesas, que são amplamente desconhecidas para os ocidentais, Apple Pay, Android Pay, Samsung Pay e Microsoft Wallet falharam até agora em se nivelar com os cartões de crédito. O Alipay do Alibaba, a versão chinesa da Amazon, comanda uma base de usuários de quatrocentos milhões de usuários e, como tal, é a maior plataforma de pagamentos móveis e on-line do mundo (HEGGESTUEN, 2014). Os asiáticos não estão imitando, estão *liderando* o caminho. O popular aplicativo de mensagens chinês WeChat é um pioneiro na introdução de transações P2P; o Facebook está tentando replicar *seu* modelo, e não o contrário. Algo está obviamente indo mal no Ocidente.

Então, o que o impede de decolar? É pouco provável que se preocupem com a segurança dos pagamentos móveis. Nos Estados Unidos, trinta por cento consideraram as carteiras móveis seguras, 64 por cento disseram que eram um pouco seguras e seis por cento não tinham certeza (ACI WORLDWIDE; AITE Group, 2017). Esses números mostram que há algum ceticismo entre a maioria da população (e isso está em ascensão), mas, com um em cada três norte-americanos considerando as carteiras móveis absolutamente seguras, a penetração do uso é decepcionante. A diferença entre o Ocidente e a China pode ser melhor explicada por meio de uma análise das alternativas aos pagamentos móveis. Em dezembro de 2017, quando perguntados por que não baixaram o Apple Pay, 48,9 por cento dos usuários da Apple responderam que estavam satisfeitos com seu sistema de pagamento atual. Dos que tinham a carteira no telefone, mas não a usavam, 17,7 por cento disseram que a principal razão era que simplesmente tinham se esquecido dela (PYMNTS/INFOSCOUT, 2018b). Nesse momento, claramente não existe nenhum benefício adicional. A China não tem a mesma cultura de cartões de crédito e rede de aceitação que os Estados Unidos ou a Europa, e os pagamentos on-line não são tão comuns como no Ocidente. Portanto, talvez os pagamentos móveis só funcionem se as alternativas não forem tão boas. Um cartão é geralmente mais confiável; ele não pode ficar sem bateria, não pode travar, não o abandonará em terminais somente de contato e não requer uma conexão de dados móveis. A maior parte das pessoas também leva algum dinheiro além do cartão; como toda tecnologia complexa, os terminais podem quebrar ou a conexão de internet pode cair. A ideia de que os pagamentos móveis permitiriam que você deixasse a carteira física em casa foi desmascarada como um sonho impossível.

Há, naturalmente, alguns nativos digitais que ignoram essas deficiências e continuam a utilizar seus iPhones para fazer pagamentos, mas a Apple não deve se contentar com isso; isso não sugere que a tecnologia esteja simplesmente demorando mais tempo do que o esperado para deslanchar. Esse argumento não faz sentido. Estratégias de plataforma e mercados de dupla face — ou seja, gerar um público para vender atenção ou dados para outro — são um esforço arriscado e podem ser fatais se as empresas que os perseguem não conseguirem capturar uma massa crítica. O Apple Pay é o melhor exemplo de "falha na ignição da plataforma". Ele se saiu extraordinariamente bem ao fazer com que os parceiros de negócios construíssem uma rede, mas não conseguiu entusiasmar as massas. Esse fato tem, mais uma vez, um efeito adverso no outro lado do mercado. Hoje, em vez de pagar para fazer parte do serviço, os bancos poderiam cobrar da Apple pelo acesso aos titulares de seus cartões (WEBSTER, 2017). Portanto, ou as margens da Apple vão diminuir ou as taxas de utilização vão aumentar. De qualquer forma, o caminho para a viabilidade comercial em longo prazo está se estreitando. No entanto, os gigantes dos dados continuam injetando dinheiro em ferramentas de pagamento e, em particular, em pagamentos móveis. Será que estão apenas à espera que os concorrentes fracassem para depois consolidar o mercado? É improvável. Como vimos, não foi a falta de escala, mas sim a falta de aceitação do usuário que fez com que o Apple Pay não tivesse sucesso. Afinal de contas, por que os gigantes de TI estão pressionando tão incansavelmente a tecnologia de pagamentos celulares?

Para entender esse fascínio pelo pagamento móvel, precisamos dar um passo atrás e olhar para as metas de longo prazo de Google e Apple. Eles subjugaram, em tempo recorde, megaindústrias como o varejo, telecomunicações, mídia e computação. Adicione a essa lista música, publicações e inteligência artificial e a situação fica ainda mais impressionante. Mas o setor financeiro é o setor que supera todos. O Santo Graal. Faz o mundo girar, por isso é um desafio perfeito para o Vale do Silício. Mas as finanças são um setor enorme, por isso, por onde começar? Bancos de varejo são a escolha óbvia; com o apelo da marca e muitos dados de clientes armazenados, é muito mais fácil de agarrar do que bancos de investimento ou empresariais. Mas mesmo o setor de bancos de varejo é grande. De um modo muito geral, ele ajuda as pessoas a emprestar, armazenar e mover valores com segurança, e apenas uma dessas coisas pode ser o ponto de entrada para os trituradores de dados. Então vamos começar com o empréstimo: e os empréstimos? A inovação afeta tanto as indústrias auxiliares — instituições que fornecem pontuações de crédito, averiguações ou avaliações — quanto os bancos. Mas é duvidoso se uma massa crítica de empréstimos pode ser apoiada sem gigantes financeiros, e as empresas de TI ainda não tentaram fazer isso. Calcular o custo do risco e negociar nos mercados de capitais para aumentar o enorme fluxo de caixa necessário seria um jogo completamente diferente.

O fornecimento de armazenamento de valor seguro seria um melhor ponto de entrada? Na verdade, não. Os bancos aderem a regulamentos rigorosos e têm licenças que lhes permitem fornecer o armazenamento salvaguardado e continuado de dinheiro. As pessoas hesitariam antes de depositarem seus ganhos em uma conta que não é apoiada por bancos e governos, e perder a poupança de sua vida seria um golpe que poderia causar falência. No decurso da minha pesquisa para este livro, eu mesmo fiz o teste. Abri uma conta em uma exchange, criei uma carteira, depositei alguns euros e troquei-os por criptomoedas. Era o dinheiro do almoço. No entanto, à medida que os fundos reais se transformaram em uma sequência alfanumérica, um calafrio percorreu meu corpo. Com a hesitação do cliente como o principal obstáculo, será de admirar que os gigantes dos dados não queiram armazenar dinheiro e, em vez disso, optar por se concentrar nos pagamentos?

A movimentação de valor não é tão lucrativa como lidar com dinheiro e tê-lo nos próprios livros; no entanto, enquanto as empresas de TI permanecerem como meros facilitadores e não lidarem com o dinheiro elas mesmas, não precisam de uma licença bancária. É a mesma abordagem que Airbnb e Uber adotaram com camas e transporte. No entanto, apesar de não empregarem motoristas nem possuírem bens imobiliários, Airbnb e Uber estão travando batalhas legais sobre suas responsabilidades. A boa notícia para as fintechs e gigantes de TI é que, com os pagamentos, o *modus operandi* tem sido claro e aceito por boa parte do século passado. Os processadores de pagamentos não precisam se preocupar com as regras draconianas; estas são reservadas aos titulares de licenças bancárias.

Uma análise da McKinsey (2017) revelou que os maiores *pools de lucro* ao longo da cadeia de valor dos pagamentos estão localizados no final, onde se encontra a interface final do cliente. Por quê? Porque requer um investimento extremo em marcas e intimidade com o cliente. A confiança não sai barata — e, claro, a interação com o cliente é a mais arriscada. Um grupo concentrado de compradores B2B pode apertar suas margens, mas é previsível; os clientes finais e suas dinâmicas não são. Os gigantes de dados têm razão em ocupar esses pontos finais. Mas por que carteiras móveis? Por que não simplesmente introduzir recursos de pagamento nas interfaces existentes? Por que não basta anexar dinheiro a um tópico de conversa no Facebook? Porque, para se tornarem realmente grandes — e claro que é isso que o Vale do Silício quer —, os coletores de dados precisam conquistar o ponto de venda. Enviar dinheiro via e-mail ou redes sociais seria uma boa funcionalidade, mas é um nicho. Compare a frequência com que transfere dinheiro para amigos ou familiares com a frequência com que paga suas compras por cartão. O pagamento móvel é o instrumento perfeito para alavancar os bancos de dados incomparáveis dos gigantes de TI. A única razão pela qual o frenesi sobre as carteiras móveis não surgiu mais cedo foi porque a infraestrutura do terminal ainda era baseada em contatos. Com o advento da tecnologia sem contato, essa infraestrutura tornou-se irrelevante. Não se pode espremer um telefone em um terminal de cartão, mas, graças à tecnologia de comunicação por aproximação (NFC), isso não é preciso. Basta um chip e uma antena — quer estejam colados a um pedaço de plástico, escorados em um telefone ou incorporados em um adesivo, como foi feito pelo banco austríaco Erste Bank.

E agora vem o blockchain, o motor de transações que se torna o negócio de pagamentos. Aproveitando-o, a Apple e outros não precisariam construir suas carteiras nos cartões de crédito virtuais dos bancos, mas eles mesmos poderiam fornecer o back-end, capturando assim mais valor e pulando os bancos por completo. Os pagamentos são contestados.

Para sobreviver, os bancos devem evitar os erros da indústria musical... e os próprios

Vamos mudar de perspectiva outra vez. Como titulares de licenças, os bancos provavelmente não estão sentindo tamanha ameaça; a transferência contestada de dinheiro é apenas uma microparte da cadeia de valor dos pagamentos. Nos Estados Unidos, ela responde por 2,7 bilhões de dólares de receita, enquanto toda a cadeia de valor vale 249 bilhões de dólares (MCKINSEY, 2017). Blockchain ou não, a maior parte das receitas permanecerá intacta. As empresas de cartões de crédito e os serviços de transferência de dinheiro serão prejudicados com a nova tecnologia, mas não os bancos. Esse tipo de raciocínio é típico de muitos banqueiros seniores que cresceram em uma era de monopólios e lenta mudança tecnológica. A licença bancária pode ter sido uma barreira de entrada intransponível há vinte anos, mas o mundo evoluiu. Eufóricos com a confiança do Vale do Silício, os potenciais concorrentes, independentemente do tamanho, não desanimam por causa da regulamentação. A Uber não esperou pela clareza jurídica, mas avançou e criou realidades, transformando o panorama do transporte antes mesmo que os legisladores tivessem tempo para considerar a elaboração de uma legislação. Hoje, as cidades poderiam proibi-la, mas quem quer irritar o eleitorado agora que ele se habituou a um serviço melhor a tarifas mais baixas? Pergunte à cidade de Londres, onde milhões de clientes e dezenas de milhares de trabalhadores ficaram desesperados após a decisão de não renovar a licença de exploração da Uber em Londres. Essa decisão foi agora anulada e foi concedida à Uber uma licença de exploração de curto prazo, em parte devido à enorme reação do público.

A licença bancária não é o único obstáculo; as empresas norte-americanas estão sujeitas a repressão regulamentar, especialmente na Europa, por parte da Comissão Europeia e dos governos locais. Os quatro grandes — Google, Amazon, Facebook e Apple — são o melhor alvo para os comissários ansiosos por melhorar o seu perfil. Ao contrário dos bancos europeus, não empregam centenas de milhares de pessoas e trabalham frequentemente com estruturas empresariais otimizadas do ponto de vista fiscal. Também não há propriamente um acolhimento mais caloroso para as empresas chinesas nem se estende o tapete vermelho aos titãs da tecnologia estrangeira ou aos bancos do Oriente Médio. Mesmo em uma era globalizada, as vantagens locais e regulamentares persistem. Portanto, ter o Estado de Direito ao lado é considerado o escudo mais poderoso possível. Na verdade, muitos gestores veem isso como um convite para se concentrarem apenas em uma tarefa: manter a barreira de entrada intacta. O exemplo do Napster, uma plataforma ilegal de compartilhamento de arquivos que violava claramente todos os tipos de direitos autorais e leis fiscais, mostra como essa convicção pode ser fatal. A situação jurídica não podia ser mais explícita, o que acabou com o Napster em 2001. No entanto, não foram os queixosos que aplaudiram o veredito. A investida do Napster baixou os preços para um nível ridículo, então quem estava lá no cantinho, sorrindo? Empresas como Apple e Spotify. Depois que o compartilhamento gratuito de arquivos chocou o mundo da música, as gravadoras e os artistas ficaram gratos até mesmo pela fração de um centavo que o iTunes compartilhou com eles por música baixada ou transmitida.

Os paralelos do Napster com o bitcoin são impressionantes. Ambos são P2P e ambos reduziram os preços das empresas consolidadas. E não se esqueça da característica original da criptomoeda de burlar governos e bancos. Eventualmente, o Napster falhou, mas deu origem a novas empresas legítimas, como o Spotify, que prosperou em um ambiente completamente alterado. Os bitcoins podem abrigar negócios obscuros, mas isso não significa que a tecnologia subjacente não pode ser usada de forma correta. Sim, os bancos têm licença para operar, mas isso não significa que os forasteiros não possam obtê-la também e conquistar grandes segmentos do mercado assim que os pioneiros dos blockchains abrirem caminho. Mais uma vez, a Ásia Oriental indica possíveis rotas para desafiantes na Europa e nos Estados Unidos. Em vez de parcerias com bancos, os gigantes de TI da China já tiveram muito sucesso no lançamento dos próprios bancos digitais, eliminando assim completa-

Os gigantes de TI da China já tiveram muito sucesso no lançamento dos próprios bancos digitais.

mente as instituições tradicionais. O Alibaba, a Amazon chinesa, lançou um banco on-line especializado em microempréstimos chamado MyBank; a Tencent, proprietária da rede social chinesa WeChat, está atrás do WeBank, que é mais um banco direto. A enorme vantagem que essas empresas têm sobre a concorrência é o alcance comercial. Os empréstimos podem ser promovidos gratuitamente via WeChat, uma rede social usada por oitocentos milhões de chineses (YUANYUAN, 2016).

Então, o que os bancos poderiam aprender com a forma como a indústria da música lidou com os desafiantes digitais para defender-se do ataque? Em primeiro lugar, a indústria da música é um bom exemplo de como *não* reagir, nomeadamente combatendo os concorrentes em tribunal. Sugiro também que não tentem combatê-las no mercado, pelo menos não apenas na questão dos preços. As batalhas são demoradas e caras. É preciso cavar bem fundo nos bolsos. É muito melhor juntar forças com os desafiantes para que possam complementar uns aos outros do que competir diretamente. Como discutido anteriormente, o ciclo de vida da tecnologia inicialmente favorece empresas pequenas e ágeis que são fortes em desenvolvimento de produtos. Essas empresas são capazes de conquistar uma grande parte do mercado até que o ciclo de vida evolua no sentido de favorecer os operadores históricos e sua escala. Adicionalmente, os efeitos da crise financeira de 2008 e 2009 continuam a fazer-se sentir, com o receio da falência paralisando os bancos e impedindo-os de investir em inovação; outra razão pela qual a parceria com as fintechs é o melhor caminho viável. Se a Universal Music tivesse juntado forças com o Napster, poderia ainda estar no topo das listas de avaliação da indústria. As vantagens de criar alianças são múltiplas. Para ambos os lados, a parceria liberta recursos para se concentrarem nas competências essenciais durante as fases do ciclo de vida em que são mais necessárias. Ambos os grupos têm ativos específicos que são necessários para a implantação em larga escala da tecnologia blockchain. As fintechs podem trazer a tecnologia para a mesa, enquanto os grandes bancos podem trazer suas marcas de confiança. A maioria dos clientes quer que seus bancos sejam o parceiro contratual — o front-end — então é muito difícil para as jovens empresas digitais atingirem a escala, especialmente quando montantes elevados estão em jogo. No domínio B2B, essa necessidade é ainda mais acentuada, pois os clientes não estão dispostos a aceitar o risco de contraparte que acompanha abandonar os bancos; eles querem que uma instituição bancária estabelecida esteja do outro lado da transação (DEUTSCHE BANK, 2016).

A cooperação das empresas consolidadas com as startups não é novidade. Na indústria farmacêutica, por exemplo, alianças estratégicas de gigantes farmacêuticos com startups de biotecnologia são bastante rotineiras (ROTHAERMEL, 2001). Embora a atividade bancária tenha sido mais cética em relação a esse tipo de cooperação no passado, as coisas estão mudando. O Commonwealth Bank of Australia formou uma aliança com o Ripple a fim de permitir transações autorizadas baseadas em blockchain entre suas filiais. Inúmeras instituições estão escolhendo basear suas soluções em Ripple também. Outros, como o Barclays ou a UBS, criaram programas de incubadoras tecnológicas para colher os frutos de startups (de blockchain) (WILD; ARNOLD; STAFFORD, 2015). As fintechs também estão à procura de alianças estratégicas. Eis um fato bastante surpreendente: mais de três quartos de todas as fintechs veem a parceria com instituições financeiras estabelecidas como seu objetivo final de negócios (CAPGEMINI; LINKEDIN; EFMA, 2018).

Os benefícios dessas alianças não devem ser considerados puramente tecnológicos, uma vez que alguns podem abrir diferentes segmentos de clientes. A plataforma de empréstimo Funding Circle está fazendo exatamente isso com o Santander e o Royal Bank of Scotland. Normalmente, os bancos não concordam em emprestar dinheiro a clientes que consideram pequenos ou inseguros demais. O que eles fazem agora é enviá-los para o Funding Circle, enquanto ao mesmo tempo eles são investidos na fintech. Dessa forma, também podem servir a segmentos de risco, enquanto o Funding Circle atua como uma ferramenta de mitigação de riscos. E o perfil de risco do cliente pode mudar com o tempo. Com essa estrutura, os clientes não desembarcaram em um banco concorrente e podem mesmo ser cruzados ou revendidos pelos bancos investidos. Goldman Sachs e Société Générale empregam um modelo semelhante ao do Aztec Money (SKINNER, 2016).

No entanto, mesmo que os operadores históricos optem pela abordagem de cooperação, há ainda muitas questões que terão de ser respondidas. Como escolher com qual firma se associar? A que constrói blockchains centralizados ou descentralizados? Como decidir qual é o mais confiável? A última coisa que um banco faria era pôr em risco a sua reputação, associando-se a uma startup pouco confiável. Do ponto de vista da fintech, escolher o parceiro errado pode significar inibir seu crescimento e desperdiçar o impulso. Haveria também a questão da forma que a parceria assumiria. Qual seria a estrutura de propriedade? Seria melhor ter uma parceria não exclusiva com uma empresa de grande porte e altamente valorizada ou uma parceria exclusiva com uma empresa que você ajuda a construir? Seria melhor ter marcas conjuntas com a startup ou permitir que ela desenvolva a própria (DEUTSCHE BANK, 2016)? A maioria dessas perguntas pode ser respondida a partir da análise até agora feita neste livro. Não há dúvida de que o modelo centralizado prevalecerá nos bancos. Escalabilidade, custo e controle reverterão as escalas. Quanto à forma que a parceria deve assumir, a história traça um panorama claro. Dado o êxito das maiores redes de pagamento — SWIFT, Visa, Mastercard —, que são todas descendentes da cooperação, é altamente provável que uma solução conjunta volte a prevalecer; é difícil equilibrar a exclusividade e a interoperabilidade. No mínimo, a plataforma subjacente deve ser a mesma para que as APIs entre os bancos funcionem. A solução pode ser Ripple ou pode ser algo que funcione de forma semelhante ao Ripple, mas um padrão compartilhado é, sem dúvida, o caminho a seguir.

É difícil equilibrar a exclusividade e a interoperabilidade.

Portanto, para dominar o blockchain, é necessário cooperação — com as fintechs, outros bancos e até mesmo com os colossos do Vale do Silício. Os comerciantes já perceberam e entraram em parcerias — veja Apple Pay. No entanto, a verdadeira revolução do blockchain nos bancos só se estenderá aos modelos de negócio e à estratégia depois de atingir o back-end, o que significa que a parceria no lado operacional não é menos importante. Como vimos, gigantes da nuvem, como a IBM e a Amazon, estão oferecendo o BaaS, a infraestrutura de computação com o protocolo blockchain. Há lições que os bancos podem aprender com o próprio passado. Os bancos são famosos por sua necessidade de internalização; eles devem combater isso e terceirizar tudo fora de sua competência principal para que tenham sucesso. Hoje, os bancos estão sobrecarregados com seus sistemas legados, mantidos por inchados esquadrões de TI. Não é raro que um banco tenha mais desenvolvedores de software do que empresas gigantes de TI. O exército de programação do JP Morgan tem mais de trinta mil programadores que cuidam de 7.200 aplicativos em 32 centros de dados (DIMON, 2014). Já vimos que a maior parte do orçamento de TI vai para a correção de sistemas antigos. Os sistemas legados também matam a cooperação; na pesquisa supracitada, as fintechs foram questionadas sobre os principais desafios de uma parceria. Quase todos os terceiros apontaram para a falta de compatibilidade de TI (CAPGEMINI; LINKEDIN; EFMA, 2018).

Além de internalizar, também é fundamental para os bancos agirem rapidamente. Com o aumento da concorrência, os bancos, especialmente os pequenos e médios, simplesmente não têm tempo para construírem eles próprios a infraestrutura. Eles precisam perceber que não há desonra em comprar conhecimento externo. Mesmo o gigante da tecnologia Microsoft não está tentando construir as próprias soluções de blockchain, mas fez um acordo com a IOTA, uma empresa especializada em um ledger distribuído alternativo, supostamente para alimentar a internet das coisas. A posição em relação à terceirização mostra quão diametralmente opostas são as indústrias tecnológica e bancária. O incontestável impulso dos bancos de internalizar tem de ser freado.

Haverá, sem dúvida, alguma preocupação entre os gestores sobre como alimentar a concorrência. Nenhum banco faria isso, certo? Acontece que sim. O motor de busca da China, Baidu, fez uma parceria com a instituição tradicional CITIC Bank para criar o BAIXIN Bank (YUANYUAN, 2016). Mas por que alguma empresa já estabelecida deve terceirizar serviços a concorrentes aspirantes para torná-los ainda mais potentes? E não só alimentá-los com dinheiro, mas com dados, o próprio combustível que eles consomem. Muito simplesmente porque as alternativas são mais desanimadoras. Os coletores de dados estão aqui — e faltam opções melhores para ambos os lados. Enquanto os grandes bancos podem ter o peso para contra-atacar e para acelerar titãs da tecnologia no curto prazo, para os bancos menores será cada vez mais difícil sobreviver. Portanto, para ter sucesso, os bancos devem se esforçar para oferecer os melhores serviços possíveis. Se isso significa uma parceria com o adversário para reduzir os custos e materializar uma vantagem de mudança antecipada, que assim seja. É um mal necessário. Mas a terceirização deve ser integrada em uma estratégia maior que não possa ser replicada por coletores de dados. Para isso, os bancos precisam primeiro entender o que só eles podem fornecer.

CAPÍTULO CINCO

Caçando a nova vantagem competitiva

Mito: "Em um mundo digital, os bancos não têm bens com que competir."

O poder dos recursos da empresa

Os capítulos anteriores mostraram que, embora lucros adicionais possam ser obtidos com novos mercados ou serviços e embora o blockchain possa diluir as margens para produtos essenciais, para os bancos, não há como evitar a concorrência no segmento de varejo. Isso não tem de significar automaticamente a desgraça. A primazia de Porter na estrutura do mercado não é a finalidade última, e a maneira como as empresas se posicionam pode transformar uma situação supostamente desesperada em uma oportunidade. Existe evidência empírica de que as diferenças intraindústrias são superiores às diferenças entre indústrias no que diz respeito aos lucros (RUMELT,

1991). Hansen e Wernerfelt (1989) descobriram que a gestão de RH e o clima organizacional representavam mais variações de desempenho do que a cota de mercado ou a indústria. Powell (1992a, 1992b) mostrou que os efeitos da indústria e o posicionamento competitivo não eram tão influentes quanto os fatores organizacionais. Essas e outras descobertas contradizem a escola de pensamento da estratégia competitiva de Porter. Além disso, tais estudos empíricos conduziram à proeminência de outro paradigma na literatura estratégica, nomeadamente as abordagens de eficiência ao nível das empresas. Esses têm duas vertentes principais, nomeadamente a perspectiva baseada em recursos (PENROSE, 1959; PRAHALAD; Hamel, 1990; GODDARD, 1997) e a perspectiva das capacidades dinâmicas (TEECE; PISANO; SHUEN, 1997). Os leitores interessados podem entrar em mais detalhes a partir desses trabalhos, mas o ponto a ser enfatizado aqui é que as empresas vigentes podem melhorar sua posição ao encontrar e aperfeiçoar as competências essenciais certas em vez de se paralisarem por medo de novas tecnologias e condições de mercado.

Ao contrário da abordagem de Porter, a perspectiva no nível da empresa não defende que se entre em uma arena onde as cinco forças são fracas, mas sugere que as empresas devem se concentrar nos recursos únicos e usá-los para obter vantagens. Em um artigo seminal, Prahalad e Hamel (1990) sugerem que as empresas devem se limitar às competências essenciais e terceirizar quaisquer tarefas que não estejam diretamente em seu núcleo. Naturalmente, a adequação das competências essenciais aos requisitos do mercado deve determinar onde a empresa compete — esse ajuste é essencial. Isso teria de ser revisto constantemente, a fim de dominar a inovação — em particular, a inovação radical. É necessário entender que, quando os pesquisadores falam sobre os avanços tecnológicos serem disruptivos, não significa disruptivo para produtos ou indústrias, mas para certas competências. Tomemos como exemplo o Mergenthaler Linotype, um fabricante de máquinas de escrever. Seria de esperar que esse tipo de empresa tivesse saído do negócio com a transição da máquina de escrever para o teclado de computador, mas a Mergenthaler não o fez.

Essa empresa liderou sua indústria por mais de um século, dominando três grandes mudanças tecnológicas. Por que foi tão bem-sucedida? Um de seus principais ativos era possuir uma fonte proprietária, e, embora a indústria de máquinas de escrever tenha sido derrubada pela inovação, as bibliotecas de fontes não foram. A Mergenthaler compreendeu quais dos seus pontos fortes seriam necessários no futuro (TRIPSAS, 1997). A questão é que os bancos têm competências centrais significativas que sobreviverão à revolução do blockchain, e a relevância de algumas de suas competências pode até aumentar.

Nenhuma empresa encontrará um ajuste perfeito entre suas capacidades atuais e os requisitos da indústria. A boa notícia é que as competências não são estáticas. As más notícias? Algumas empresas acham que é fácil se adaptar, mas outras menos, por falta de "capacidades dinâmicas", ou seja, a capacidade de construir ou redirecionar competências (TEECE; PISANO; SHUEN, 1997). Assim, a mudança requer visão estratégica de longo prazo no topo, mas também elasticidade em toda a organização.

Os bancos têm competências centrais significativas que sobreviverão à revolução do blockchain.

Atingir o melhor ajuste possível começa por identificar quais competências serão necessárias, quais competências você possui e como preencher a lacuna. Idealmente, será difícil imitar as novas competências e, portanto, elas precisarão ser *construídas*. Com investimento suficiente, é possível cultivar o conhecimento técnico rapidamente, mas é muito mais difícil adquirir a cultura corporativa, os valores e os processos. A investigação confirmou também que essas competências são mais importantes. Mata, Fuerst e Barney (1995) descobriram que não é o capital, nem a tecnologia proprietária, nem as habilidades técnicas a principal fonte de vantagem competitiva sustentada, mas sim os recursos humanos.

Os bancos são superpetroleiros globais. A segurança e a confiança estão enraizadas em seu DNA há séculos e, mesmo em um mundo onde uma tecnologia de transação reivindica uma segurança imaculada, essa percepção dos bancos provavelmente perdurará. O velho desejo de ter ativos financeiros trancados com segurança será tão forte no futuro quanto sempre foi. Ao mesmo tempo, o blockchain está levando os bancos para o território da TI, onde os modelos de negócio digital requerem diferentes pontos fortes. O problema para os bancos é que a inovação e a centralidade no cliente estão no centro do paradigma digital e são o forte das empresas de tecnologia. Esse panorama complexo ilustra a contradição entre os conjuntos de competências para a segurança *versus* inovação que igualará as forças e permitirá que os desafiadores se infiltrem. Uma organização precisaria ser esquizofrênica para ser capaz de liderar nessas duas dimensões. Portanto, nesse aspecto, os bancos estão fazendo um trabalho esplêndido ao firmar parcerias com as fintechs. Como vimos, eles estão desenvolvendo as competências necessárias em unidades externas, separadas e dinâmicas, por vezes fechadas em incubadoras. Isso é crucial, dado que o blockchain ainda está na fase embrionária e só pode ser dominado por uma abordagem de tentativa e erro. Contudo, mesmo com excelentes capacidades dinâmicas, o potencial de mudança é limitado. Migrar de uma competência para outra custa tempo e dinheiro. Cada decisão tomada causa uma longa cadeia de impacto no futuro, por isso os pontos fortes competitivos de cada empresa dependem do caminho. As empresas tomam decisões que são "compromissos de longo prazo, quase irreversíveis para certos domínios de competência" (TEECE; PISANO; SHUEN, 1997). As escolhas que fizeram no passado definem as opções que estão disponíveis para eles no presente. Isso torna ainda mais importante a realização de uma análise adequada das competências essenciais dos bancos antes de reunir os recursos para orientar a empresa em um determinado curso.

Os bancos subestimaram as competências essenciais

Se uma coisa sobre o impacto do blockchain no mercado é certa é que a natureza da vantagem competitiva ficará mais confusa, muito simplesmente porque ela pode ser realizada em mais dimensões do que nunca. As velhas competências continuarão a ser relevantes, enquanto as novas virão à tona. O termo competências-chave, ou recursos-chave, é frequentemente lançado de forma imprudente, mas o que é "chave" não é subjetivo, de qualquer forma? Felizmente, uma pesquisa (KHIAONARONG; LIEBENAU, 2009) elaborou uma lista de critérios para determinar quais recursos podem conduzir a uma vantagem de desempenho duradoura e que, por conseguinte, merecem ser classificados como "essenciais". Para ser crucial, uma competência deve:

- ter valor (ou seja, aumentar a eficiência/eficácia e a receita ou reduzir custos);
- ser escasso/raro (e algo que a maioria dos concorrentes não têm);
- ser difícil de imitar (se os concorrentes não puderem copiá-los sem um investimento significativo em recursos);
- não deve ser substituível (se não for possível obter uma vantagem semelhante utilizando recursos diferentes).

Com base nessa definição, podemos reduzir a lista de todas as coisas que os bancos fazem bem a cinco dimensões nas quais os provedores de serviços financeiros podem obter uma vantagem competitiva no mundo atual e no futuro. Também podemos determinar cinco dimensões adicionais que serão recursos decisivos na era do blockchain. A tabela 5.1 mostra a síntese.

Tabela 5.1 Novas competências importantes no sistema bancário baseado em blockchain

<table>
<tr><th>Bancos pré-blockchain</th><th>Bancos baseados em blockchain</th></tr>
<tr><td colspan="2">Proximidade aos reguladores (licença bancária)</td></tr>
<tr><td colspan="2">Base de clientes legada e sistema de matriz e filial</td></tr>
<tr><td colspan="2">Potência da marca</td></tr>
</table>

<table>
<tr><th>Bancos pré-blockchain</th><th>Bancos baseados em blockchain</th></tr>
<tr><td colspan="2">Excelência operacional</td></tr>
<tr><td colspan="2">Recursos financeiros</td></tr>
<tr><td></td><td>Dados e mentalidade de dados</td></tr>
<tr><td></td><td>Experiência com modelos de negócios digitais</td></tr>
<tr><td></td><td>Intimidade com o cliente</td></tr>
<tr><td></td><td>Know-how tecnológico</td></tr>
<tr><td></td><td>Infraestrutura tecnológica</td></tr>
</table>

Um olhar mais atento revela que, com exceção do know-how tecnológico e da infraestrutura, é muito difícil terceirizar essas competências, tornando-as também competências *centrais* na visão de Prahalad e Hamel (1990). Além disso, a tabela 5.1 ilustra que, apesar do exuberante otimismo das fintechs, a vantagem competitiva ainda pode ser obtida com os mesmos recursos que nos bancos pré-blockchain. Embora por vezes possam estar em conflito, não existe uma incompatibilidade sistemática entre o velho e o novo mundo. O sistema de bancos está mudando, mas estamos longe de uma revolução que destronará os velhos governantes de um dia para o outro. Para entender por quê, vejamos mais de perto os ativos dos bancos.

A licença bancária

A licença bancária tem sido um fio condutor em todo este livro. Vimos o poder de proteger o domínio da poupança da concorrência externa, mas também vimos seus custos, suas restrições e sua carga burocrática. Sabemos agora que a regulamentação está se tornando mais permissiva e que os gigantes das TI licenciados pelos bancos são uma realidade viável. Não há necessidade de entrar novamente em pormenores, mas basta dizer que a licença bancária é uma importante linha de defesa.

Não é uma salvaguarda absoluta, mas é uma vantagem decisiva para os operadores históricos. Obtê-la é tedioso; é necessário passar por requisitos de liquidez, segurança tecnológica, relatórios, compliance — pense em algo, você terá que conseguir isso. Nos Estados Unidos, o processo da Federal Deposit Insurance Corporation (FDIC) geralmente leva de três a quatro anos para ser concluído (KING, 2014).

O caso da TransferWise, a empresa que habilita a função de pagamento do Facebook, mostra o quão poderoso é o imperativo institucional do dinheiro. Em New Hampshire, a empresa foi intimada porque tentou contornar os bancos e, portanto, violou os regulamentos de transmissão de dinheiro. Eventualmente, teve que cooperar com um banco licenciado (KAHN, 2016).

Mas uma licença bancária é mais do que um pedaço de papel. Ao longo dos anos, ela tem comandado um tipo particular de pensamento e uma habilidade muito única em banqueiros. Os bancos são gestores de risco especializados em avaliação de riscos e crises, possuem os recursos necessários para suportar o risco e possuem processos e recursos humanos que obedecem às diretrizes de compliance — competências das quais atualmente nem gigantes de TI nem jovens fintechs podem se gabar.

Clientes legados e baluartes

Os clientes legados sempre foram um canal de aquisição extremamente poderoso e econômico para os bancos. Há poucos movimentos de clientes de um banco para outro, ou mesmo entre gerações. Os pais trazem os filhos e os vinculam ao banco sem lhe custar nada. Mas a noção de clientes legados aqui significa mais do que apenas uma base de clientes existente e autoperpetuante. Os clientes antigos tendem a ser insusceptíveis ao avanço tecnológico e, no futuro, é provável que ainda esperem caixas e consultas cara a cara sobre suas hipotecas. As previsões mostram que, até 2020, a disrupção digital terá apreendido dez por cento do total do mercado bancário de consumo dos EUA (mais de um trilhão de dólares) e dezessete por cento até 2023. Isso ainda deixa 83 por cento do mercado não deslocado para modelos de negócios digitais (CITI GPS, 2014). É claro que não se pode construir uma estratégia de longo prazo em um segmento de cliente em diminuição, mas é possível alavancar isso. Se nada mais, ao menos dará aos bancos vantagens de escala sem precedentes nos próximos anos.

Bancos que reduziram sua presença física ao mínimo e mudaram suas operações para serviços on-line testemunharam um tremendo crescimento, enquanto a ascensão da internet tem visto muitas agências bancárias compartilharem o mesmo destino das livrarias. No entanto, os bancos on-line e diretos não são necessariamente um passo evolutivo. É mais provável que vejamos uma divergência em grande escala entre dois grupos estratégicos: bancos que estão quase exclusivamente on-line e bancos que continuam a servir ao segmento decrescente, mas ainda assim gigantesco, que anseia por alguma presença física. Com agências físicas, os bancos têm uma base de clientes muito segura que não pode ser alcançada pelas fintechs e coletores de dados. Prevê-se que, em 2022, mais da metade dos clientes do Reino Unido ainda visite as agências bancárias quatro vezes por ano ou mais (PEACHEY, 2017). Os bancos de varejo também estão cuidando de pequenas empresas que têm uma necessidade muito distinta de serviços que não podem ser transferidos para o mundo on-line. Um empresário que gerencia uma barraquinha de cachorros-quentes regularmente precisa esvaziar os bolsos sobre um balcão. Negócios de pequeno e médio porte são extremamente sensíveis a mudanças em sua rede bancária. Um estudo da Universidade de Maryland descobriu que o fechamento de agências bancárias tem um impacto negativo a longo prazo nos empréstimos a pequenas empresas, muito pior do que o impacto sobre os indivíduos. Demonstrou-se que a utilização de empréstimos estava em declínio de cerca de treze por cento em um raio de oito milhas de onde a filial costumava estar. A conclusão verdadeiramente chocante é esta: mesmo depois de um novo banco ter preenchido o va-

Com agências físicas, os bancos têm uma base de clientes muito segura que não pode ser alcançada pelas fintechs e coletores de dados.

zio, o volume de empréstimos manteve-se inferior ao registrado antes do encerramento do banco precedente. Essa é a prova final dos benefícios de bancos regionalmente fortes. Afinal, as relações se manifestam em números (NGUYEN, 2014), e os reguladores moverão céus e terras para manter abertos os bancos que bombeiam capital para todos os cantos do país, especialmente os mais distantes.

Se agências ainda são importantes, então por que os números estão descendo? Talvez não estejam declinando tão rapidamente, afinal de contas. Os relatórios da filial moribunda são extremamente hiperbólicos. Nos Estados Unidos, a proporção entre agências e habitantes diminuiu 9,8 por cento entre 2009 e 2014 — um período obviamente difícil de reconsolidação na sequência da crise financeira. Houve alguma recuperação desde 2014, no entanto, e um ligeiro aumento foi reportado em uma tendência ascendente. Em 2016, a proporção foi de 33 agências bancárias por cem mil habitantes, contra 32 em 2014 (BANCO MUNDIAL, 2018).

Portanto, embora seja verdade que a digitalização está deixando sua marca, grande parte da população é simplesmente inatingível para os bancos digitais ou as empresas de blockchain. Em vez de serem demolidas, as agências precisam ser reformadas, os horários de abertura adaptados ao século XXI (quantos trabalhadores têm tempo para visitar uma agência nos horários atuais?) e o pessoal e as tarefas, racionalizados. Defendo que as agências devem ser vistas como um canal de vendas, e não como despesas necessárias para a prestação de serviços, um canal de vendas que é incontestável pelos novos atores financeiros. No entanto, para que as agências possam prosperar nessa capacidade, elas devem ser revistas e os níveis de serviço devem ser drasticamente melhorados.

Potência da marca

As grandes marcas bancárias sempre fomentaram a confiança, mas as pessoas não abriram uma conta bancária no Deutsche Bank ou no HSBC porque pensavam que era onde seu dinheiro estaria mais seguro; a licença bancária sempre significou que todos os bancos certificados têm uma garantia de depósito do governo. As pessoas escolheram um banco porque foi o primeiro que veio à mente — a "lembrança top-of-mind" no jargão de marketing. A presença da marca em anúncios e agências era muito mais importante do que o que você associou a ela. As mensagens pareciam todas iguais; os analistas teriam tido dificuldade em desenhar qualquer tipo de matriz que não mostrasse a competição no mesmo quadrante. O poder da marca vai significar muito mais em um mundo de blockchain. Ser capaz de acessar serviços financeiros não apoiados pelo governo significa que os atributos da marca, e não apenas a presença da marca, se tornarão cada vez mais importantes. Além disso, esses atributos podem ser transformados em uma vantagem competitiva totalmente desfeita. Isso também significa que as fintechs e gigantes de TI competirão pelos atributos que os bancos têm por padrão — confiabilidade, continuidade, segurança e confiança. Quando questionadas sobre as razões para a parceria com instituições financeiras estabelecidas, 66,4 por cento das fintechs afirmaram que o poder de marca foi decisivo — a maior pontuação de qualquer resposta (CAPGEMINI; LINKEDIN; EFMA, 2018).

Muitas marcas de banco são reconhecidas globalmente, mas a importância da marca também merece que se reflita sobre como melhorar sua imagem no futuro. As conversões por impressos, TV e mala direta estão em declínio constante. A segmentação tradicional e as campanhas de marketing não funcionam como antes. Os gigantes da tecnologia e as plataformas de mídia social não gastam um centavo nos canais tradicionais, mas têm uma consciência global de marca sem precedentes. Eles também percorreram um caminho no eixo da confiança; já lhes confiamos nossos dados de pagamento, e-mails ou geolocalização. Mas confiança significa muitas coisas. Significa acreditar que a empresa não vai à falência em nossa vida, não vai fugir com nosso dinheiro e não vai enviar um canalha para quebrar nossos polegares se não pagarmos o empréstimo. Os coletores de dados podem um dia se destacar em todas essas dimensões. Mas a confiança também significa que os bancos não compartilham nossos dados de conta, padrões de nosso comportamento de consumo ou as identidades das pessoas com quem fazemos transações; esse é um requisito fundamental para muitas pessoas. A sensibilização para a segurança dos dados está aumentando, mas a privacidade e a proteção de dados são o próprio antídoto da natureza dos coletores de dados. O milagre do marketing que vai tranquilizar a mente dos clientes ainda não foi inventado.

Excelência operacional e recursos financeiros

Como todas as empresas vigentes, os bancos tornaram-se, muito simplesmente, bons naquilo que fazem; atingiram a excelência operacional. Isso pode não ser verdade em todas as áreas — sei que você está pensando em TI no momento — mas na maioria das vezes são máquinas bem lubrificadas, alimentadas por enormes reservas de guerra. A última crise financeira prejudicou a vontade dos bancos de investir na inovação, mas isso não significa que o dinheiro não possa ser mobilizado se houver uma necessidade real. Os bancos detêm atualmente 13,2 trilhões de dólares em depósitos apenas nos Estados Unidos (TREFIS TEAM, 2017), e até mesmo concorrentes potenciais estão chegando até eles mendigando, pedindo empréstimos ou investimentos. Ter quantias tão enormes de dinheiro significa ser capaz de empurrar o negócio de crédito para uma escala que outros não conseguem.

Intimidade com o cliente

A intimidade com o cliente é um recurso importante que, até agora, tem sido pouco aproveitado pelos bancos (DEUTSCHE BANK, 2016). A intimidade com o cliente é um conceito amplo e inclui coisas que já mencionamos — canais de distribuição ou força da marca —, mas também competências mais leves, como a compreensão das necessidades dos clientes, sua jornada de compra e suas necessidades de comunicação (DANNEELS, 2004). Como veremos mais adiante, conhecer seu cliente é imperativo para ter sucesso com modelos de negócio digitais, no entanto, as bases de clientes dos bancos têm sido, na sua maioria, estáticas. Os bancos já podem mapear eventos da vida com base em padrões financeiros, mas lhes falta a experiência para triangular com outros dados. Eles não têm acesso ao grande número de bases de dados nem à miríade de cientistas de dados dos seus desafiadores do Vale do Silício. Além disso, a propriedade de dados sobre o histórico financeiro está sendo desmantelada pelos reguladores. O PSD2 prevê que os bancos terão de partilhar as suas APIs com terceiros. Os consumidores podem facilmente dar o consentimento das empresas para espreitarem as suas contas bancárias e acompanharem os seus movimentos monetários.

Infraestrutura tecnológica

Para executar blockchains, é necessária uma infraestrutura de TI grande, sofisticada e redundante que as fintechs não têm, mas os bancos têm. Seus armazéns de dados e sua infraestrutura estão transportando milhões de transações e armazenando trilhões de dólares. Têm a vantagem de uma infraestrutura tecnológica testada, resiliente e de grande escala. Se é propriedade deles diretamente, de uma subempresa ou de um fornecedor exclusivo, não faz diferença. Imitação é difícil. No entanto, a infraestrutura pesada é uma faca de dois gumes e, como vimos, os sistemas legados estão tendo um efeito negativo nos balanços patrimoniais e na agilidade corporativa. Portanto, os bancos devem encontrar uma maneira de se livrarem dos sistemas legados, transferindo especialistas em transações e centros de dados para apoiar novos sistemas.

A tabela 5.2 resume as vantagens dos diferentes grupos de atores. Basta um rápido olhar para perceber três coisas: primeiro, os bancos ainda estão muito bem posicionados para manter a vantagem; em segundo lugar, os gigantes dos dados podem perceber vantagens em muito mais dimensões do que as muito tímidas fintechs;

e, em terceiro, os bancos devem procurar entrar em alianças com fintechs, já que os dois grupos são perfeitamente complementares.

Tabela 5.2 Panorama geral das competências dos três principais grupos de atores

Fonte de vantagem competitiva	Bancos	Fintechs	Monstros de dados
Proximidade aos reguladores (licença bancária)	X		
Base de clientes antiga e sistema de matriz e filial	X		
Potência da marca	X		X
Excelência operacional	X		
Recursos financeiros	X		X
Mentalidade de dados e dados		X	X
Experiência com modelos de negócios digitais		X	X
Intimidade com o cliente	X		X
Know-how tecnológico específico do blockchain		X	
Infraestrutura tecnológica	X		X

Então, agora nós olhamos para ambas as escolas de estratégia (mercado *versus* capacidades) e dissecamos as prováveis tendências do mercado e as competências essenciais promissoras. No entanto, mesmo a análise mais meticulosa é inútil sem as recomendações estratégicas que a acompanham. Então, que estratégias e modelos de negócio se encaixam melhor em que grupo de atores?

Guerras de preços e como os bancos devem reagir a elas

Se existe algum termo tão imprudente quanto *disruptivo*, é *estratégia*; esquema de preços, modelo de negócio e segmentação de clientes — é tudo *estratégia*. Conforme definido no jargão da gestão, a escolha de cada empresa resume-se a três estratégias genéricas: custo, foco e diferenciação (PORTER, 1980). Em outras palavras, as pessoas compram seus produtos porque: 1) são mais baratos; 2) não há alternativas; ou 3) tem algo único neles — seja o melhor desempenho, uma marca mais confiável ou alguma outra característica. Naturalmente, a lógica de Porter sugere que as externalidades do mercado devem ditar a direção que as empresas escolhem para entrar. No entanto, como vimos no Capítulo 4, os recursos únicos são igualmente importantes quando se escolhe o caminho certo. Assim, nos bancos baseados em blockchain, cada grupo de atores atacará com uma abordagem diferente.

As fintechs sozinhas terão de se concentrar em determinados grupos de compradores. Em nichos, elas podem capitalizar sua capacidade de inovação e manter os níveis de preços altos. Essa especialização pode ser orientada para um segmento de mercado — por exemplo, micropagamentos para blogueiros — ou para um pequeno passo na cadeia de valor. Quanto maior for o passo na cadeia de valor, maior é a probabilidade de que eles precisem fazer parceria com alguém. O Ripple fornece a plataforma subjacente para transações em blockchain, uma parte profunda do processo, mas, sem parceria com os bancos, o empreendimento estaria condenado ao fracasso.

Está na própria natureza do blockchain reduzir os custos, mas o posicionamento como líder de custos para o mercado de massa exige mais que um app inteligente. Aqui os gigantes de TI têm mais chance. De onde quer que os desafiantes digitais venham, eles trazem consigo modelos de negócios digitais. Em mercado após mercado, temos visto que isso equivale a: construir rapidamente uma base de clientes de massa crítica por meio da redução dos preços. Quer se trate do Google Maps, quer se trate do envio gratuito da Amazon, a maioria dos serviços para clientes finais é oferecida gratuitamente. Além de um impulso nos custos, os gigantes dos dados também procurarão se diferenciar, mas essa abordagem é uma ameaça muito menor para as empresas já estabelecidas. Com o Apple Pay, a gigante de Cupertino tentou confiar uma atividade bancária ao culto do seu iPhone. Mas os serviços bancários são diferentes de smartphones e hardware de computador. Eles não emocionam, não se prestam a recursos técnicos com um efeito de admiração, e usar uma interface da Apple não sugere potência financeira ou pertencer a um grupo de colegas da mesma forma que possuir um iPhone. Até mesmo a Apple tem tido dificuldades com dispositivos, como relógios e aparelhos de TV. Recheado com características dinâmicas, o Apple Watch era para ser a extensão lógica do smartphone, mas ele não decolou em lugar nenhum. Não se trata de minimizar a força dos titãs do Vale do Silício, mas sim de mostrar que, embora a diferenciação possa apoiar a liderança de custos, não pode ser utilizada para derrubar o muro do sistema bancário.

Está na própria natureza do blockchain reduzir os custos, mas o posicionamento como líder de custos para o mercado de massa exige mais que um app inteligente.

Então, os bancos devem se nivelar? É difícil. A estrutura de custos dos bancos não pode ser paralela à da Amazon ou do Google, uma vez que eles precisam considerar os custos gerais, tais como compliance, clientes antigos e agências físicas. Os bancos têm aparado esses custos de forma bastante significativa desde a crise financeira de 2008, mas simplesmente empunhar a faca de forma mais agressiva não atacará os desafiantes de TI quando estes entrarem na arena. Pelo contrário, essas despesas gerais estão separando os bancos da concorrência ao permitir que eles cobrem um prêmio. A diferenciação é a única salvação para os bancos que apostam em um crédito no mercado de pagamentos em massa. Eles precisam criar algo único na indústria, em várias dimensões. Os bancos deveriam prosseguir com a diferenciação por outra razão: o blockchain aumenta o poder de negociação dos clientes e fornecedores. Quando isso acontece, a teoria de gestão experimentada e testada mostra que ter uma proposta única é sempre a melhor resposta (PORTER, 1980).

Partir para novos oceanos — um empreendimento perigoso

O modelo das cinco forças de Porter (1979, 1980, 1985), que conhecemos no Capítulo 3, mostra que o blockchain torna a indústria dos bancos de varejo menos desejável. A questão torna-se então: o que pode ser feito para enfrentar a ameaça de lucros decrescentes? A resposta clássica da estratégia competitiva é utilizar os recursos existentes para dissuadir a entrada de novos operadores. Fixar preços baixos ou pressionar governos para impor restrições. Mas, apesar de entrar em uma briga — especialmente no próprio território — parecer ser a coisa certa a fazer, pesquisas mostram que evitar a batalha muitas vezes é a opção mais inteligente. Como todo general lhe dirá, até mesmo o exército vencedor está em pior estado depois de uma guerra do que antes dela: tropas menores, finanças gastas e armamento danificado. Os negócios funcionam de maneira bem parecida. Em um estudo de Teece, Pisano e Shuen (1997), eles descobriram que, em geral, é possível encontrar mais valor econômico na busca de novas possibilidades de receita do que em ações voltadas diretamente para a concorrência. Toda pressão competitiva tem impacto nos lucros. A ideia de escolher uma rota alternativa é apoiada pela chamada teoria do "oceano azul" (KIM; MAUBORGNE, 2005), que inspirou muitos executivos a olhar para além da atividade principal e do mercado. Essa teoria considera cada mercado como um oceano. Nos oceanos azuis, as criaturas aprenderam a coabitar umas com as outras. Cada habitante tem a sua área e, apesar das batalhas travadas em território sobreposto, a sobrevivência a longo prazo não é uma grande preocupação. Mas, com o tempo, essas águas calmas podem ver um afluxo de outros habitantes que colorem o oceano de vermelho. Quando isso acontece, não faz sentido combatê-los. Em vez disso, os antigos moradores devem partir para águas novas e menos povoadas, os chamados oceanos azuis.

A teoria do oceano azul deve muito às famosas obras de Joseph Schumpeter (por exemplo, 1942), que popularizou a ideia da destruição criativa dos mercados. Schumpeter estava convencido de que, cada vez que uma nova inovação é introduzida, ela corrói ou destrói a velha estrutura econômica e a substitui por uma outra. Ele também acreditava na vantagem de ser o primeiro a chegar ao topo. Mas, enquanto Schumpeter vê a inovação como uma estratégia viável para alcançar a vantagem competitiva, a teoria do oceano azul considera que a inovação é possível sem batalha competitiva, permitindo à empresa explorar novas demandas e, assim, se desligar da concorrência. Essa é uma mudança fundamental, pois pela primeira vez na pesquisa estratégica não há primazia na busca de uma vantagem competitiva. Ambas as escolas de pensamento, da estratégia competitiva e do oceano azul, discutem inovação, mas, enquanto Porter a vê como um meio de ganhar vantagem sobre a concorrência, Kim e Mauborgne a veem como um instrumento para criar novos mercados.

Então, qual das abordagens é melhor, lutar ou fugir? Antes de responder a essa pergunta, é necessário mais um pouco de teoria. Enquanto a abordagem do oceano azul vê uma correlação positiva de intensidade competitiva com os lucros, a visão competitiva vê uma correlação negativa. Isso pode ser explicado pela postura que assumem em relação à disponibilidade de mercados inexplorados. As abordagens competitivas veem-nas como limitadas; as abordagens do oceano azul, não. Isso significa que nenhum dos dois está certo ou errado, mas que dependem das condições específicas do mercado. Se existem indústrias ou grupos de clientes semelhantes que podem ser abordados com as competências centrais existentes, então os oceanos azuis podem ser a solução. Em menor grau, a escolha da abordagem também depende de objetivos de curto e longo prazo. Dados de pesquisa sugerem que a estratégia competitiva funciona melhor em curto prazo, enquanto em longo prazo é preferível um oceano azul (BURKE; VAN STEEL; THURIK, 2009).

Onde isso nos leva com o blockchain? Existem novos oceanos para onde nadar e, caso existam, onde estão? Como mostrado antes, o blockchain reduzirá o custo de armazenamento e de transporte de dinheiro a quase nada. Antes de mais nada, isso significa que serão explorados novos grupos de clientes, nomeadamente todos aqueles clientes potenciais que atualmente não são considerados suficientemente rentáveis. Existem, no total, dois bilhões de indivíduos sem banco que poderiam ser adicionados a um custo adicional insignificante. Esses dois bilhões estão concentrados no mundo em desenvolvimento, o que daria origem a uma expansão regional potencialmente enorme para os bancos ocidentais. No Oriente Médio, por exemplo, apenas catorze por cento dos adultos têm uma conta bancária e, portanto, acesso a serviços financeiros. Na África Subsaariana, 66 por cento não têm conta bancária (GRUPO BANCO MUNDIAL, 2015). Pelo menos um bilhão de pessoas sem banco estão equipadas com smartphones (RANGAN; LEE, 2010), e, se você possui um smartphone, não precisa de uma agência bancária, um caixa eletrônico ou qualquer outro terminal para isso. De repente, o custo do investimento inicial para se dirigir a um agricultor nigeriano já não parece tão assustador.

O segundo grande oceano azul está em uma indústria completamente diferente. Os bancos poderiam aproveitar o componente de confiança do blockchain para entrar no negócio de autenticação. Tudo pode ser registrado, desde certidões de nascimento até de óbito, certidões de casamento e diplomas acadêmicos. A startup Everledger, que iniciou sua atividade em blockchain, tem uma atividade de verificação da identidade de diamantes. Quem seria mais adequado para lidar com coisas tão sensíveis como documentos oficiais do que bancos? Eles se posicionaram como instituições confiáveis por séculos e podem alavancar isso para se tornarem mantenedores de registros digitais. É certo que esse é um grande salto em relação ao ponto em que nos encontramos hoje, mas é possível. Os bancos não têm apenas o posicionamento certo, mas também experiência no cumprimento de

Os bancos poderiam aproveitar o componente de confiança do blockchain para entrar no negócio de autenticação.

regulamentos complexos e os governos podem confiar a eles uma tarefa tão sensata.

Há muitos novos potenciais mercados. Em tal situação, a sugestão explícita da teoria do oceano azul e a mensagem implícita do modelo das cinco forças de Porter é a de sair de mercados pouco atraentes. Mas será que a queda na atratividade realmente justificará o abandono do enorme negócio dos bancos de varejo? Pode ser que você tenha adivinhado; a resposta é não. O Citi GPS (2016) estima que a maior fatia — 46 por cento — de todo o lucro bancário global é feito com bancos pessoais e de pequenas e médias empresas (PME). É difícil imaginar como uma tecnologia, por mais revolucionária que seja, poderia cancelar esses lucros. Além disso, o peso, a escala e a importância social dos bancos são baseados nos bancos de varejo. Mas permanecer nesse mercado não é apenas uma questão do número no final do balanço, mas também de alcançar receitas em longo prazo com novos serviços.

Os clientes atuais dos serviços financeiros são os usuários de amanhã das verificações ou da comunicação segura. Se os bancos desviarem o foco do seu negócio principal, eles certamente perderão a próxima grande coisa possibilitada pelo blockchain: contratos inteligentes. Além disso, os estados tentariam bloquear as saídas, e os atores que tentassem sair poderiam desagradar os reguladores. Antigos clientes seriam alocados aos concorrentes, resultando em vantagens de escala que poderiam muito bem transcender o segmento de varejo. Pesquisas mostram que privar clientes ou grupos de clientes pode ser particularmente arriscado em indústrias com custos fixos elevados, porque a empresa tem que distribuir os custos fixos entre os clientes restantes (VIKAS; SARKEES; MURSHED, 2008). Isso torna a dispensa de clientes complicada para os bancos, especialmente em um mundo blockchain, onde os custos relativos são ainda mais baixos do que agora. Finalmente, os bancos teriam de considerar se haveria algo que proibisse as empresas de TI e as startups de segui-las até os oceanos azuis. Os bancos de varejo são uma fortaleza que não deve se render tão facilmente.

Portanto, sair não é uma opção viável. O corte na rentabilidade pode ser compensado entrando em novas arenas, mas apenas se os titulares ainda lutarem no seu território. Há ainda outra forma de melhorar a rentabilidade. A "estratégia de vantagens" é uma abordagem recente postulada por Lewis e McKone (2016) que tem recebido muita atenção tanto na mídia quanto na academia. Eles sugerem lucrar com as "vantagens" de um negócio principal antes de virar tudo de cabeça para baixo. Existem três vantagens: produtos, experiência do cliente e exploração de partes subutilizadas da empresa. Muitas vezes, produtos complementares, como o seguro de proteção de crédito, podem ser vendidos transversalmente. Os clientes são menos sensíveis ao preço deles do que ao dos produtos principais. Outro exemplo pode ser a construção de uma infraestrutura própria de blockchain e depois oferecer o aluguel de capacidade excedente a concorrentes menores. A estratégia de vantagem pode ser uma ferramenta poderosa para aumentar a rentabilidade, mas só funciona se o negócio principal estiver intacto. Isso é exatamente o que os inovadores estão caçando: o núcleo bancário. Eles sabem que a batalha decisiva não será travada em algum oceano azul ou nos limites do vermelho, mas nas três frentes principais: facilitar transações, armazenar valor e fornecer crédito.

A batalha decisiva será travada nas três frentes principais: facilitar transações, armazenar valor e fornecer crédito.

Neste capítulo, vimos que, com o blockchain, a natureza da vantagem competitiva evoluirá dramaticamente. As dimensões que as empresas têm tradicionalmente usado para competir ainda são relevantes, mas outras se juntaram à lista, deixando bem claro que a Era Digital chegou. Apesar da proclamada morte dos bancos, eles ainda terão ativos para competir com o amanhã; eles têm até potencial para expandir seus negócios. Mas os monstros dos dados vão atacar com uma abordagem sem custos. Então o principal diferenciador dos bancos poderia ser a confiança?

CAPÍTULO SEIS

Evolução do modelo de negócio — A chegada do paradigma de TI

Mito: "A confiança pode ser a vantagem competitiva para os bancos no novo ecossistema."

Por que o argumento da segurança é uma farsa

Durante a maior parte da história financeira, os modelos de negócio têm sido tão estáveis quanto a necessidade de dinheiro dos seres humanos. Quer se tratassem de fichas de barro na antiga Babilônia, quer se tratassem dos documentos de reconhecimento de dívidas na Itália renascentista, os padres e banqueiros embolsavam uma taxa para gerir contas, movimentar dinheiro ou emprestar capital. Tanto faz se fosse por meio de juros ou uma soma fixa. A certa altura, as taxas sobre o armazenamento de dinheiro eram compensadas pelo empréstimo desse dinheiro a outra pessoa por juros mais elevados, mas, em geral, os banqueiros nunca abandonaram o modelo baseado em taxas. E por que o fariam? A lógica era simples: você pagou por segurança extra. Guardar as notas embaixo do colchão poderia ter sido mais barato, mas o risco de perdê-las pode impedi-lo de dormir à noite.

Essa lógica está ainda hoje na mente dos banqueiros — e não é apenas a tradição que a confirma, mas também a psicologia. Afinal, a raça humana é avessa ao risco; as experiências psicológicas confirmam isso continuamente. Entre os estudos mais conhecidos estão os de Daniel Kahneman, que ganhou o Prêmio Nobel de Economia ao demonstrar a aversão humana à perda. Imagine que conheceu um homem generoso na rua que te mostra duas notas de cinco dólares. Ele oferece a possibilidade de ficar com uma e ir embora. Ou você pode escolher apostar no cara e coroa. Cara significa que recebe ambas as notas; coroa, acaba sem nada. O que você faz? O que a maioria das pessoas faz? Do ponto de vista matemático, a situação é óbvia: não há diferença na probabilidade de aumentar sua riqueza, pois você tem 50 por cento de chance de ganhar dez dólares e os ganhos para a "opção de aposta" são o dobro da "opção segura". Portanto, estatisticamente, poderíamos esperar uma divisão igual entre aqueles que jogam pelo seguro e recebem a nota de cinco dólares e aqueles que apostam. No entanto, a grande maioria agarra alegremente a nota de cinco dólares e vai embora (TVERSKY; KAHNEMAN, 1981). A aversão à perda leva a escolhas irracionais. Pense em todas as apólices de seguro que as pessoas assinam sem pestanejar. É lógico nos precaver de uma ameaça humana, tal como contas hospitalares enormes ou custos legais após um acidente de carro, mas alguns escolhem pagar um seguro recorrente apenas no caso de se trancar fora de casa e ter de chamar um chaveiro — pagando todo mês da vida por algo que provavelmente nunca acontecerá, e, se acontecer, somente causaria dano insignificante. Com que frequência você quebrou os óculos, o para-brisas ou teve uma infecção por pragas? As pessoas assinam regularmente esse tipo de apólice de seguro. Em uma perspectiva de probabilidade, as companhias de seguros são como os cassinos — nunca perdem. Assim como as duas notas de Kahneman, o seguro contra ameaças não existenciais é a prova de que a segurança é fundamental para os humanos. As pessoas farão todo tipo de escolhas irracionais e pagarão os olhos da cara por paz de espírito.

É exatamente com esse viés cognitivo que os atores financeiros estão contando. As pessoas confiam nas instituições financeiras estabelecidas e, por isso, por que mexer com o modelo de taxas em vigor? Aconteça o que acontecer, de empresas de blockchain a coletores de dados, os adversários só atingirão grupos ousados e marginais. Esse não é um argumento inquestionável. Basta olhar para a principal premissa: as pessoas realmente confiam tanto assim nos bancos? E os governos, os financiadores da licença bancária? Em um estudo recente (ACI WORLDWIDE; AITE GROUP, 2017) foi perguntado às pessoas quem estava melhor protegendo seus dados de conta e cartão. No Reino Unido, as grandes instituições financeiras lideraram de fato a lista com 48 por cento. Os bancos comunitários chegaram a treze por cento, enquanto 39 por cento dos entrevistados confiavam em grandes lojas de varejo, restaurantes ou órgãos governamentais para proteger seus dados. Portanto, as instituições financeiras vigentes têm um prêmio de confiança, mas quatro em cada dez pessoas estão automaticamente à disposição se os bancos optarem por operar exclusivamente na plataforma de confiança e segurança. A distribuição geral da confiança é semelhante em todo o mundo; no entanto, em muitos casos, os grandes bancos obtêm resultados ainda piores. Por exemplo, apenas dezenove por cento dos suecos acreditam que os bancos são mais adequados para proteger seus dados.

Curiosamente, os governos (que deveriam salvaguardar o funcionamento do sistema financeiro) recebem os resultados mais sombrios de todos em termos de proteção de dados: apenas cinco por cento dos britânicos disseram que eles são os melhores no trabalho de manter os dados seguros. Essa falta de confiança tende a ser alimentada pela suscetibilidade dos organismos públicos a ataques de pirataria informática e ao excesso de alcance governamental. Nenhuma história capta isso melhor do que o infame "confisco" no Chipre, em 2014, quando o governo apreendeu unilateralmente quatro bilhões de euros dos depositantes no Banco do Chipre e no Laiki. Todos os clientes com mais de cem mil euros nas suas contas viram quase metade das suas poupanças serem exterminadas. Os fundos de pensão das empresas estatais foram os mais atingidos. O dinheiro tinha desaparecido, evaporado. O parlamento caiu fora. O confisco das poupanças foi declarado como uma reestruturação de dois bancos, e não como uma nova imposição fiscal. A legislação e o poder judiciário foram contornados (TRAYNOR *et al.*, 2013). Estabelecendo um precedente, o confisco abalou a crença no Estado de direito como nenhum outro evento na história financeira recente. É contra esse pano de fundo que o interesse nas criptomoedas tem explodido e a metáfora do bitcoin como "ouro digital" entrou no debate público. Todas as instituições financeiras reguladas estão inextricavelmente ligadas a decisões políticas — outra razão que alimentou o êxodo de fanáticos por criptografia para o sistema financeiro alternativo. Imagine as consequências de um confisco hoje: alternativas de bitcoins melhoradas abundam e a população em geral está cada vez mais consciente do reino criptografado. Os governos e os grandes bancos devem agir com cautela.

Antes de ficar enredado em uma discussão sobre se bancos, governos, gigantes de TI ou startups são os mais confiáveis, surge uma pergunta mais fundamental: a confiança é realmente um fator decisivo na escolha de produtos financeiros?

Se os banqueiros acreditam que, porque as pessoas são avessas ao risco, eles podem relaxar e obter uma vantagem sobre os concorrentes, eles deveriam pensar novamente. Eles precisam considerar a conveniência; sempre vemos como esse fator supera as preocupações com a segurança. Basta olhar para a M-Pesa, um serviço de transferência de dinheiro baseado em SMS lançado no Quênia pela Vodafone e oferecido pela Safaricom. Teve um enorme e rápido sucesso em todo o país sem sequer se aproximar das normas de segurança de blockchain. Esse aplicativo de telefone permite que os usuários poupem seu dinheiro, transfiram dinheiro para outros clientes finais e retirem dinheiro dos chamados agentes. Os agentes são comparáveis aos caixas, só que são pessoas que ganham a vida com outra coisa, por exemplo, gerindo um quiosque ou um posto de combustível. Em regiões com baixa densidade de caixas eletrônicos e de agências bancárias, eles podem obter receitas adicionais como distribuidores de dinheiro humano. A M-Pesa cobre basicamente as funcionalidades de poupança e pagamento dos bancos a custos muito baixos e com pouca segurança, e não opera com uma licença bancária — as poupanças não são garantidas pelo Estado. O mecanismo de transação também não é particularmente seguro — funciona com uma tecnologia SMS muito simples. Agora pode-se dizer que o sucesso da M-Pesa pode ser explicado pela falta de melhores alternativas; as pessoas que vivem em zonas rurais africanas não têm acesso a agências bancárias, caixas automáticos ou terminais comerciais. Isso é verdade, mas colocar suas poupanças nas mãos de uma empresa de telecomunicações sem licença, em vez de escondê-las em casa ainda é um sinal de afinidade ao risco. A M-Pesa também está florescendo nas cidades quenianas, onde existem alternativas. Então, será que isso se deve a diferenças culturais? Certamente, priorizar a conveniência sobre a segurança não aconteceria na Europa ou nos Estados Unidos. Ou aconteceria? Se você acredita nas pesquisas, na verdade não deveria; 56 por cento dos consumidores do Reino Unido dizem que não considerariam usar uma loja novamente após uma fraude ou violação de dados (ACI WORLDWIDE; AITE GROUP, 2017). Isto é compreensível, e você ou eu provavelmente sentiríamos o mesmo. Mas estamos protegendo nossos dados com a diligência necessária? Estamos prontos para investir mais tempo e esforço, quanto mais dinheiro, nisso? A triste verdade é que a maioria das pessoas provavelmente não está. Considere a criptografia em e-mails. Ferramentas excelentes estão disponíveis para proteger o conteúdo de suas mensagens. O software livre construído sobre criptografia assimétrica pode proteger os conteúdos mais vulneráveis de suas comunicações privadas e comerciais, mas ninguém o utilizaria caso precisasse baixar o software, proteger seus códigos e explicar o processo a cada um de seus destinatários. O custo comportamental é elevado demais. As pessoas podem pensar que se preocupam com o fato de os outros bisbilhotarem suas conversas, mas, quando se trata de pôr em prática algo que impede que isso aconteça, não se incomodam. Essa imprudência foi revelada de forma ainda mais impressionante por um experimento em que se solicitou que pedestres aleatórios revelassem suas senhas. Sete em cada dez londrinos deram códigos de acesso em troca de uma barra de chocolate. Uma em cada três pessoas fez isso mesmo sem o doce incentivo (BBC, 2004). Poderíamos nos perguntar se essas pessoas dariam as chaves de suas portas com o mesmo grau de leviandade.

Sete em cada dez londrinos deram códigos de acesso em troca de uma barra de chocolate.

O que os bancos precisam aprender com tudo isso é que não podem travar uma batalha de custos, e não contra as fintechs e os coletores de dados que são máquinas de aparar custos. A diferenciação também é complicada e precisaria ocorrer com dimensões em que os clientes estão dispostos a pagar um prêmio. A segurança testada pode importar a muitos, mas não a todos. Mesmo aqueles que valorizam a segurança primeiro precisam se sentir confortáveis para pagar por ela. Os exemplos mostram que a conveniência e os custos, não a segurança, determinam a nossa escolha de tecnologia. A M-Pesa não será implementada na Europa, mas os imitadores baseados em blockchain já estão a caminho: a startup Abra pode transformar cada um de seus utilizadores em caixas, enquanto em segundo plano o blockchain garante níveis de segurança inacessíveis por SMS ou pela maioria das outras tecnologias de intercâmbio de informação. Para os clientes que são inflexíveis quanto à necessidade absoluta de uma licença bancária, existem bancos diretos que fazem questão de ser liderados por um blockchain, mas que operam com uma licença bancária. O Revolut Bank, que começou no Reino Unido e rapidamente se expandiu para uma série de países, oferece as funcionalidades básicas de um banco — conta, empréstimo, cartão de crédito e seguro —, mas também permite negociar bitcoin, Litecoin e Ethereum. Os custos são baixos, a funcionalidade é simples e as criptomoedas, acessíveis. A empresa também solicitou uma licença bancária para poder oferecer a mesma proteção de depósitos que os operadores históricos.

Em muitos aspectos, o paradigma de TI criou clientes altamente sensíveis ao preço, que consideram os serviços digitais gratuitos como garantidos. No caso dos bancos, a demanda está caindo. A funcionalidade e a facilidade de utilização tornam-se os principais critérios de decisão. Essas mudanças têm impacto sobre os produtos e serviços, mas, acima de tudo, terão consequências sobre os modelos de negócio.

Regras de mercado do paradigma de TI

O paradigma digital permeia todas as esferas da atividade empresarial — seja a chegada da comitiva de nerds que faz os executivos engravatados da velha guarda tremerem, seja as tendências tecnológicas que favorecem os serviços digitais em detrimento dos serviços físicos e os exponenciais em detrimento dos mecanismos lineares. Mas o mais importante para os conselhos de administração dos operadores históricos e dos novos operadores é que os saltos tecnológicos coincidem com a evolução dos modelos de negócio. Afinal, os consumidores não mudam apenas sua atitude em relação às características do produto, mas também em relação aos custos e preços. Enquanto há dez anos ninguém reclamava sobre ter de pagar por uma transferência bancária, no mundo hiperconectado de hoje as pessoas têm uma percepção diferente do que a atualização de dois ledgers deve custar. Seria perigoso permitir que os modelos de negócios atuais impedissem uma visão clara da estratégia futura. Veja a Polaroid. Quando a gerência decidiu que os consumíveis (ou seja, filmes) eram o lugar para ganhar dinheiro e o hardware (ou seja, a câmera) era apenas um facilitador, não viu a mudança de marés do tempo. A digitalização trocou o gerador de lucro, derrubando o filme, e os fabricantes de câmeras foram forçados a cobrar pelo hardware. No fim das contas, a digitalização da indústria apanhou a Polaroid de calças curtas (DANNEELS, 2004).

Cada época traz consigo um modelo de negócio preferido. Em termos gerais, existem quatro grandes formas de ganhar dinheiro. Cada uma delas é viabilizada por diferentes tecnologias e ativos, e cada uma leva a diferentes níveis de rentabilidade. Primeiro, existem construtores de ativos que criam e fornecem valor por meio da utilização de ativos físicos. Os fabricantes de aço precisam de instalações de grande escala com máquinas caras. Em segundo lugar, existem prestadores de serviços que baseiam sua entrega de valor no capital humano. Uma empresa de limpeza pode não precisar de maquinaria, mas de esquadrões de pessoal. Em terceiro lugar, os criadores de tecnologia usam o capital intelectual para vender suas ideias e propriedade intelectual, como o software. Os custos de licenciamento que você paga pelo sistema Windows do seu computador vão para desenvolvedores de software altamente treinados que constroem o sistema e o mantém funcionando. Finalmente, empresas orquestradoras de rede empregam seu capital para gerar valor, ou seja, dar aos clientes acesso a outros participantes de uma rede. Os jornais vendem os leitores aos anunciantes. Os resultados empíricos mostram que empresas de rede superam drasticamente as demais, mas, apesar disso, quase nenhuma empresa muda seu modelo de negócios. O investimento nos respectivos ativos é grande demais e, muitas vezes, as empresas simplesmente não dispõem dos conhecimentos necessários para aplicar tecnologias de transformação. É por isso que as orquestradoras de rede ainda representam apenas dois por cento de todas as empresas de capital aberto (LIBERT; BECK; WIND, 2016a).

Então, como são as orquestradoras de rede? As vantagens dessas empresas manifestam-se melhor por meio da utilização de tecnologia e ativos de rede. Portanto, a menos que você considere a imprensa uma inovação tecnológica tardia, o exemplo de jornal supramencionado não é, na verdade, prototípico. Os motores de busca são um exemplo melhor. A redução de custos e o aumento da velocidade são as mudanças do paradigma digital, e essas duas vantagens são exatamente a proposta de valor do blockchain. Para capturar o valor dessa promessa, gigantes de TI e startups de fintech estão fornecendo às indústrias que pensam de forma análoga novas maneiras de competir. Big data, mercados frente e verso e modelos de negócios gratuitos são apenas alguns dos conceitos necessários para atingir a paridade competitiva com as empresas de TI. Para as câmeras, a evolução foi simples. Não se podia mais cobrar dos clientes os custos correntes dos consumíveis, então era necessário oferecer câmeras caras repletas de recursos e megapixels. Para manter os clientes voltando, os recursos foram inchados exponencialmente e em intervalos cada vez mais curtos. Os produtores mais espertos também lucraram — subprodutos de alta margem, como tripés e cases, eram vendidos transversalmente. Para outras indústrias, a disrupção do modelo de negócio é mais complicada, mas não menos lucrativa. As plataformas bilaterais funcionam particularmente bem quando as pessoas estão menos inclinadas a pagar por serviços, por exemplo, mídia on-line ou aplicativos para smartphones. Com essa abordagem, as empresas têm de servir duas faces da mesma moeda em paralelo. Esses dois grupos têm interesses conflitantes e o tamanho de um grupo tem um impacto direto no outro (ROCHET; TIROLE, 2006). Se eu bombardear usuários de aplicativos com banners e pop-ups, vou assustá-los. Se eu os assustar, os anunciantes vão pular desse barco também. No entanto, se eu restringir demais a publicidade, não disporei dos recursos financeiros necessários para tornar o produto suficientemente atrativo para reunir um público mais vasto. É um ato de equilíbrio que só os melhores conseguem gerir.

A redução de custos e o aumento da velocidade são as mudanças do paradigma digital.

A oferta do Google AdWords com seu motor de pesquisa é sintomática dessa mudança de modelo de negócio. Foi a primeira plataforma frente e verso escalável e dinâmica (BADEN-FULLER; HAEFLIGER, 2013). O desafio era criar uma ótima ferramenta (barra de busca do Google) a um preço imbatível (de graça) para os usuários finais. A fim de cobrir os custos e ganhar dinheiro, a atenção desses utilizadores finais foi então vendida ao segundo grupo de clientes desse modelo, nomeadamente empresas que pretendiam fazer publicidade a grupos-alvo segmentados individualmente. Nesses modelos, a questão fundamental é sempre qual lado cobrar e qual lado atrair gastando dinheiro. A boa notícia para os bancos é esta: a intimidade com o cliente é o pré-requisito para ter sucesso com esse modelo. Os bancos têm isso em abundância e não o estão utilizando em todo seu potencial hoje em dia.

Em outro artigo, os mesmos pesquisadores que criaram a categorização (LIBERT; BECK; WIND, 2016b) argumentam que, no setor bancário, o blockchain será a tecnologia para empurrar a indústria para o modelo de negócios dos orquestradores de rede e tornará o capital de rede muito mais valioso do que é hoje. Os bancos já estão testemunhando as primeiras ondas da revolução digital; os bancos digitais e o fechamento de agências físicas são prova disso, mas o principal catalisador será a tecnologia blockchain.

No setor bancário, o blockchain será a tecnologia para empurrar a indústria para o modelo de negócios dos orquestradores de rede.

Portanto, vamos aplicar esse framework aos três principais grupos de atores em um mundo bancário baseado em blockchain. Tradicionalmente falando, os bancos podem ser vistos como prestadores de serviços, as fintechs como criadoras de tecnologia e os coletores de dados como orquestradores de rede. Os coletores de dados têm, portanto, o maior potencial de obtenção de lucro. Isso também significa que os bancos não devem sequer pensar em entregar o front-end a atacantes como a Apple Pay, que exigem não só uma percentagem da transação, mas também dedicação e elevados orçamentos de marketing. Sem falar do fato de que proíbe que as carteiras dos próprios bancos sejam oferecidas na sua loja de aplicativos. Em vez de ceder, os bancos precisam orquestrar redes por si próprios.

É difícil argumentar que os bancos ainda são prestadores de serviços clássicos. Cada vez mais tarefas são feitas pelos próprios clientes, e os principais responsáveis pelos bancos são os ativos técnicos. Os clientes estão preocupados principalmente com o funcionamento fiável dos caixas eletrônicos e dos aplicativos. A evolução de provedores de serviços para facilitadores de tecnologia está em pleno andamento, e, como veremos neste capítulo, alguns bancos estão até mesmo indo na direção da rede ou do comitê regulador. Às vezes é difícil discernir qual dos quatro modelos ainda tem força. Desde preços fixos, serviços agregados, até modelos de plataforma completos, os bancos estão começando a adotar novas formas de ganhar dinheiro.

De taxas a preços fixos

Uma forma simples de manter os clientes pagando mesmo depois de uma inovação esmagar os preços é introduzir um regime de taxa fixa em que todos os serviços financeiros são incluídos em uma taxa mensal ou anual. Os serviços de telefonia e internet têm trabalhado com tarifas fixas há muito tempo, e o sucesso da Netflix mostrou que ela também funciona para entretenimento. Os bancos já estão familiarizados com o modelo: ter uma conta inclui, frequentemente, a gestão gratuita de contas, saques e transações em caixa eletrônico — mas, na maioria dos casos, apenas em um país ou na área do euro. Na era do blockchain, isso será insuficiente, pois não há justificativa para cobrar mais pelas transferências internacionais.

O modelo de preço fixo se mantém conforme os serviços incluídos no pacote. Seguros, cartões de crédito e empréstimos — os bancos terão de decidir quais incluir e, assim, renunciar à oportunidade de venda cruzada. O preço é secundário em relação à decisão sobre o que deve ser incorporado, porque o aspecto crucial é que a oferta abrange mais do que apenas os serviços básicos. Fintechs baseadas em blockchain muito provavelmente competirão gratuitamente com funcionalidades despojadas, da mesma forma que os bancos digitais estão fazendo hoje. Vimos que a confiança não justifica um prêmio, então a diferenciação terá de vir dos bancos, incluindo mais características no pacote de preços fixos do que os dos seus novos concorrentes.

Essa via é rentável, mas é também sustentável? O blockchain possibilitará novos serviços e melhorará os já existentes. Inicialmente, isso justifica que os preços tenham um valor saudável caso a oferta melhore. Mas a disposição de pagar pela diferenciação diminui à medida que a indústria amadurece (PORTER, 1979). Assim, as taxas fixas apenas adiarão a pressão sobre as margens, desencadeada pelo blockchain. Além disso, à medida que o ciclo de vida dos bancos baseados em blockchain progride e a concorrência se intensifica, os bancos ficarão sem características que justifiquem a cobrança de uma taxa fixa quando comparados com as ofertas gratuitas das fintechs. São necessários modelos mais inovadores.

Bancos como montadoras de ferramentas financeiras

Eu já insinuei sobre os *profit pools* associados a contas e transferências de dinheiro. Venda cruzada é a palavra mágica. Para conseguir isso, é preciso ocupar um determinado local, e é por isso que é tão perigoso que serviços como o Apple Pay tentem empurrar os bancos para o back-end. Se o triunfo das orquestradoras de redes nos ensina alguma coisa é que, para o bem dos lucros, os bancos têm de se manter próximos do cliente final, não se afastando dele na cadeia de valor. Como vimos, a marca forte significa que eles já têm o pré-requisito para ser bem-sucedidos, então a próxima coisa a fazer é aumentar a oferta. Um conjunto de todos os serviços bancários em um único local seria um importante diferenciador para os clientes do ponto de vista da conveniência, pois, para eles, baixar dezenas de aplicativos em seus telefones ou tentar lembrar vários códigos e endereços (um incômodo particular com o bitcoin) tem um custo comportamental significativo. Ter tudo em um só lugar, por exemplo, em um aplicativo bancário, resolveria esse problema. Assim como a abordagem de taxas, a agregação se enquadra na diferenciação e não na liderança de custos.

Há mais uma coisa que todos os clientes apreciam, independentemente da inclinação digital: ofertas *omnichannel*. Plataformas na rede, aplicativos móveis, agências e call centers — os usuários querem tudo. Posso fazer 99 por cento das minhas transações on-line, mas saber que posso ir a uma agência a qualquer hora para falar com um funcionário dá uma sensação de segurança. Da mesma forma, os bancos exclusivamente móveis perdem muitos clientes por não oferecerem sequer um aplicativo de desktop. A manutenção da estratégia *omnichannel* provará ser um teste definitivo para os monstros de dados tanto quanto para fintechs. Apenas aqueles que servem todos os canais podem afirmar ser os melhores agregadores financeiros. Alguns produtos simplesmente favorecem formas particulares de interação — é difícil explicar e vender uma hipoteca por meio de um aplicativo, e os gigantes de TI muitas vezes têm limitações inerentes — por exemplo, a Apple não oferecerá o Android Pay. Os bancos, por outro lado, estão predestinados a agregar vários serviços sob o seu guarda-chuva e tornarem-se a loja para tudo das finanças, sobretudo devido à história de coopetição.

A manutenção da estratégia omnichannel provará ser um teste definitivo para os monstros de dados tanto quanto para fintechs.

Para construir plataformas poderosas, os bancos não devem tentar criar eles próprios uma infinidade de aplicativos. Afinal, isso deslocaria a batalha para o campo dos novos concorrentes. Em vez disso, os operadores estabelecidos devem tirar proveito do número explosivo de fintechs e seus serviços focados. Se um banco não tem conhecimentos sobre câmbio de moedas criptografadas, então deve contratar ou comprar um especialista em fintech e incluir a funcionalidade de negociação no aplicativo.

Nesse cenário agregador, os bancos passam para o front-end como ponto de contato único, integrando vários serviços fintech baseados em blockchain. O valor é capturado pela venda de serviços essenciais e pela retirada de uma fatia das ofertas externas integradas na plataforma. Teoricamente, isso pode funcionar de duas maneiras. A primeira é a abordagem de mercado — os bancos são plataformas que ligam os usuários a novos produtos de outras empresas, cobrindo, assim, uma taxa dos fornecedores. Os fornecedores oferecem seus aplicativos e serviços sob as próprias marcas. Por mais prototípico que isso possa ser do modelo orquestrador, ele não se encaixa na proposta de venda única dos bancos. O Google ou a Amazon podem fazer a mesma coisa. A App Store da Apple pode oferecer todos esses aplicativos, e mais, e provavelmente fazer melhor. Os bancos precisam fornecer um valor agregado além de simplesmente ligar público e fintechs, por exemplo, implantando suas capacidades *omnichannel* ou licença bancária.

A segunda opção é mais promissora: os bancos escolhem as melhores startups e as integram em um modelo *white label* sob a própria marca. Isso ainda monetiza o capital da rede, mas, ao contrário de TripAdvisor ou Booking, que simplesmente coletam e avaliam o que podem encontrar por meio de algoritmos, os serviços são oferecidos sob as marcas dos bancos. De fato, esse é também o *modus operandi* preferido pelas fintechs: 66,4 por cento — de longe a pontuação mais alta — favorece o modelo *white label* (CAPGEMINI; LINKEDIN; EFMA, 2018). A razão é clara: permite que as fintechs aproveitem a escala dos bancos de muitas maneiras. Assim, elas podem vender a mesma solução para bancos diferentes. Se os bancos insistirem em não fazer isso, então pelo menos elas podem entrar na fila para um prêmio de exclusividade. Para os bancos, *white label* significa que podem abocanhar uma fatia muito maior do bolo de lucro do que se fossem simplesmente o corretor. É também uma transferência de fidelidade, pois é mais fácil vender algo com a etiqueta de um grande banco do que com a de uma fintech desconhecida. Ao mesmo tempo, porém, vem com desafios técnicos, estruturais, legais e de marketing. Dependendo da forma de cooperação, o fornecedor front-end é responsável pelo compliance regulamentar da cadeia de valor. Compare com os fabricantes de automóveis. São na sua maioria montadores de componentes, mas, se os freios do último modelo falharem, são *seus* advogados que correrão para as salas de tribunal. No entanto, os bancos têm esta experiência exata enraizada nas competências nucleares, e não pode ser facilmente imitada pelos coletores de dados.

O modelo de negócios "grátis"

Estratégia de diferenciação ou não, o modelo orquestrador de rede sempre permite que os preços caiam, na maioria dos casos até a zero. Como as empresas podem ganhar dinheiro de outras formas além de cobrando diretamente de seus clientes, elas se envolvem em guerras de preços. É de admirar, então, que as pessoas estejam habituadas a obter serviços digitais de graça?

O modelo de negócios "grátis" é também um resultado do mecanismo "o vencedor leva tudo", que se destaca no reino digital. O pressuposto é que, uma vez que o mercado é sondado, os preços podem ser estabelecidos quase à vontade e a rentabilidade dispara. Assim, em um primeiro passo, as estratégias de diferenciação e de liderança de custos são fundidas, o que anula as margens. Os exemplos de falta de rentabilidade são abundantes. Para as fintechs, essa abordagem de mercado é experimentada e testada e muitos investidores aceitam prontamente um adiamento indefinido do *break even*. Boa sorte em convencer os acionistas dos bancos. Os investidores de grandes instituições são um lote misto. Os investidores de curto e médio prazo não querem ouvir dizer que, nos próximos anos, terão de reduzir seus dividendos devido a uma mudança para um novo modelo de negócio. Felizmente, há maneiras de ganhar dinheiro enquanto se fundem liderança de custos e diferenciação.

Transcendendo o financeiro

Para muitos banqueiros, o blockchain evoca mais medo do que entusiasmo, pois eles o veem, antes de tudo, como um ataque a seu domínio em uma indústria. O que eles devem entender, no entanto, é que o ataque é a melhor defesa. Sim, já vimos como os pagamentos podem ser um cavalo de Troia de cuja barriga saem os titãs tecnológicos e as empresas startups para conquistar financiamento. No entanto, também funciona ao contrário. Pagamentos é uma interface para todos os poros da economia. Alavancar um aplicativo definitivo pode liberar receitas de cantos nunca antes pensados. Skinner (2016) ilustra isso com o exemplo do Shinhan Bank na Coreia do Sul, que criou seu próprio aplicativo de restaurante com funcionalidade de pagamento. O aplicativo se espalhou tão rapidamente pelo mercado que outros bancos estão agora pagando ao Shinhan para estar na sua carteira. Ele capturou o front-end e agora vende a atenção de seus clientes para os concorrentes. Esse típico mercado de duas frentes leva-os a uma espiral positiva: com as receitas provenientes das empresas que procuram estar no aplicativo, os preços ou funcionalidades para os usuários podem ser simplificados.

Está acontecendo a mesma coisa na Europa. O banco austríaco Erste Bank lançou “George”, um aplicativo web e móvel para seus clientes. Depois que o aplicativo rapidamente se mostrou popular entre os usuários e passou a desfrutar de um respeitável reconhecimento, a gerência do Erste começou a pensar sobre licenciá-lo para outros bancos, o que faria do aplicativo uma nova fonte potencial de renda (WIENS, 2018). Não divulgou nenhum detalhe sobre o modelo — especialmente no que se refere ao branding —, mas aponta para um novo pilar do rendimento. Por meio do gateway de pagamentos e gestão financeira, os bancos podem vender produtos de software, e não apenas serviços bancários tradicionais.

Nem sempre tem que ser o modelo de software. A venda cruzada de subprodutos não relacionados com a TI pode ser igualmente lucrativa. O banco ucraniano Privatbank apostou na desconfiança das pessoas em relação ao comércio eletrônico, fazendo uso de um ativo que está constantemente sendo assaltado: o sistema de agências. As pessoas poderiam fazer compras on-line utilizando os tablets da agência e solicitar que a mercadoria fosse entregue diretamente ao banco (PRIVATBANK, 2016). A abordagem do aplicativo será definitivamente o caminho mais popular, mas essa inovação incomum do Privatbank mostra o potencial para fluxos de receita fora da caixa, além de mostrar que alguns modelos de negócios dependem do contexto local. Nos Estados Unidos, onde as compras on-line são uma experiência cotidiana para a maioria das pessoas, é difícil imaginar esse serviço funcionando. É em refinamentos locais como esses que a abordagem de tamanho único dos dados pode ser contrabalançada.

O grátis não deve ser gratuito

O termo "freemium" denota um modelo em que os serviços básicos estão disponíveis gratuitamente, mas depois a receita é feita por meio da oferta de uma versão premium. Por exemplo, transações de até cem dólares, ou cinco transações por mês, poderiam ser gratuitas, enquanto quaisquer transações que excedessem esses limites seriam cobradas por serviço ou por taxa de assinatura fixa. Isso tem a vantagem de aumentar rapidamente o número de clientes, mas a taxa de conversão de clientes que não pagam para clientes que pagam é crítica. Esse modelo também é mais adequado para coletores de dados e fintechs, pois eles têm trabalhado com ele desde o início. A outra via é procurar os usuários premium desde o início com um aplicativo básico fraco e o premium forte. É aqui que entra a parte da diferenciação: se os bancos conseguirem montar mais e melhores ferramentas, a maioria dos usuários premium aceitará taxas mais elevadas.

Monetização de dados

Ao oferecer serviços financeiros baseados em blockchain gratuitamente, o dinheiro também pode ser ganho com a venda dos muitos dados gerados — seja como dados brutos ou na forma de públicos altamente segmentados. Como o nome do grupo de atores sugere, esse modelo de negócio é o reino dos coletores de dados. Eles podem combinar os insights com os perfis que já estão sendo construídos por dados de mecanismos de busca, redes sociais, telefones ou uso de smartwatch. Para o Google ou a Apple, a forma como o cliente paga é apenas mais uma parte do quebra-cabeça que eles podem usar para melhorar a precisão do grupo-alvo ao vender para os anunciantes e criar novos produtos. Também pode ser usado por fintechs, mas pequenas empresas especializadas carecem de escala para integrar dados financeiros com o restante dos vestígios digitais. Seria um pouco menos sofisticado, mas poderiam colocar anúncios específicos nos aplicativos ou poderiam vender os dados brutos a outras empresas sempre que a legislação permitisse. E os bancos? Eles sentam-se em informações que não estão usando. Estudos mostram que eles marcam apenas três por cento dos dados e analisam menos de 0,5 por cento deles (FORRESTER, 2016). Considerando os regulamentos sobre privacidade de dados, não surpreende que a venda de dados externamente não seja um caminho viável para os titulares de uma licença bancária. De fato, em algumas jurisdições, as leis de sigilo bancário e de proteção de dados tornam isso praticamente impossível.

Isso não significa que os dados devem ser trancados em um cofre, sem serem tocados por nenhum empregado. Os bancos podem usá-los para aumentar e vender transversalmente os próprios produtos financeiros. Essa abordagem é um reforço perfeito para a agregação de estratégia *white label* discutida anteriormente. Se são os bancos que vendem os produtos, não há razão para não suprimir os dados sobre as preferências dos clientes. Eles também podem usar esses dados para melhorar os produtos em seu portfólio. O Google utiliza os textos que as pessoas colocam na ferramenta de tradução para treinar o algoritmo. A Tesla coleta todas as informações para construir seus carros autodirigidos. Por que não deveriam os bancos fazer o mesmo?

Complementos — o ouro fora do pote

A venda cruzada mostra como os lucros surgem em produtos adicionais e podem equilibrar os custos de uma forte oferta principal.

Vender mais produtos é um desafio sem fim, mas há uma forma de prender os usuários a produtos mais rentáveis de vez: os complementos. Enquanto a venda cruzada significa vender em cima da oferta principal, os complementos são construídos sobre uma relação de contingência; não se pode vender uma lâmina sem que o cliente tenha o aparelho correspondente, e não se pode vender cápsulas Nespresso sem que o cliente tenha a máquina. Só tendo ambos os produtos é que se pode utilizar o potencial do produto principal. Devido a essa dependência, um deles pode ser oferecido a um preço muito baixo para servir como ponto de entrada enquanto o outro impulsiona os lucros (GROVE, 1996). Isso também é conhecido como o modelo de negócios da lâmina de barbear, e o Banco Original do Brasil fornece um exemplo de como isso funciona no setor bancário. Ele concede aos clientes acesso a uma plataforma de compra por financiamento onde podem obter preços particularmente bons. O Banco Original alavanca seus recursos de capital e a dimensão da sua carteira de clientes para garantir descontos de quantidade, por exemplo, com uma boa oferta de carros. Com seus muitos clientes, é possível extrair dados e descobrir o suficiente para comprar em massa um determinado modelo de carro. As vantagens de preço dessas compras podem ser transferidas para o cliente. O Banco Original faz dinheiro concedendo empréstimos para financiar o carro. A venda cruzada ainda é possível nesse cenário — por meio da venda de seguros de automóveis, por exemplo. Os clientes pagam menos pelo carro, mas pagam um juro mais elevado sobre o empréstimo (STOCCO, 2015). Sem o complemento, os clientes não podem lucrar com a vantagem da compra em massa. Apesar de eles teoricamente terem a possibilidade de pagar o carro à vista, é improvável que isso aconteça. As pessoas que compram um carro financiado são as que não se podem dar ao luxo de ser exigentes quanto a modelo, cor ou características. Além disso, é fácil selecionar os clientes que têm o dinheiro necessário em suas contas e não os incluir na campanha — isso nada mais é do que uma simples segmentação de clientes.

Várias outras oportunidades surgem com o blockchain. Pense em contratos inteligentes. Imagine que depois de dois anos você quer vender o carro que comprou na campanha de financiamento. Você nunca gostou do modelo e só o comprou porque foi um bom negócio. Você decide vendê-lo a seu amigo Eddie, que não pode pagar tudo de uma só vez, então você o deixa pagar em parcelas. Mas Eddie não tem um bom histórico no pagamento de suas dívidas, então, para garantir que ele se mantenha fiel ao compromisso, você estabelece um contrato inteligente baseado em um blockchain, no qual as portas do carro só abrem se sua conta registrar pagamentos mensais até que o valor seja totalmente pago. Ou, para aplicar isso a outra situação, você pode decidir alugar seu apartamento e equipá-lo com uma fechadura inteligente que é controlada por meio de um contrato inteligente. O estabelecimento de contratos inteligentes pode ser oferecido a baixo custo pelo banco, com uma taxa mensal para cobrir a manutenção da infraestrutura técnica por trás. No sistema bancário corporativo, serviços de verificação baseados em blockchains poderiam ser introduzidos com o aumento dos preços para gerir uma conta, o que seria um pré-requisito para ter acesso aos serviços de verificação.

O estabelecimento de contratos inteligentes pode ser oferecido a baixo custo pelo banco.

Os complementos têm potencial para ser o ponto forte dos bancos e, ao contrário das fintechs, têm a amplitude necessária nas carteiras para fazer com que funcione. Para os coletores de dados, é difícil elaborar uma estratégia complementar. Eles já oferecem a maioria dos serviços de graça, fazendo com que seja difícil encontrar as “lâminas” em um modelo de lâmina de barbear.

Com essa multiplicidade de modelos de negócios, qual deles você escolhe? A verdade é que nenhuma estratégia é inerentemente melhor ou pior à medida que nos aproximamos da era blockchain, e o mesmo vale para os modelos de negócios. Em vez disso, a escolha é alimentada pelo posicionamento e ativos que você tem à disposição. Para os bancos que buscam a diferenciação, o modelo baseado em taxas ou agregador funciona melhor, enquanto que para os coletores de dados que lideram suas conquistas com a abordagem de liderança de custos, faz mais sentido continuar com suas ofertas gratuitas. As fintechs também podem optar por este último, mas, devido à estratégia de focalização (inicial), os submodelos que escolhem podem variar. A tabela 6.1 dá uma visão geral dos modelos de negócios que melhor se adaptam aos vários grupos de atores. Infelizmente, ela não se aplica a todos os subatores dentro dos grupos de atores principais. Os bancos diretos, por exemplo, podem usar modelos freemium, embora isso geralmente não seja recomendado para bancos. Para piorar a situação, as estratégias B2B e B2C podem ser executadas pelas mesmas empresas, mas requerem abordagens diferentes. Alguns dos principais gigantes dos dados também têm uma mão nas nuvens blockchain, o que turva seu posicionamento. Por todas essas razões, a tabela não é dogmática, mas ainda oferece uma bússola geral para iniciar o processo de construção da estratégia.

Tabela 6.1 Enquadramento estratégico dos modelos de negócio e grupos de atores

			Modelo de negócio "grátis"		
Atores	Modelo baseado em taxas	Modelo agregador	Complementadores	Agregação de dados	Freemium
Bancos	Alto	Alto	Alto	Baixo	Baixo
Fintechs	Médio	Baixo	Baixo	Médio	Alto
Monstros de dados	Médio	Médio	Baixo	Alto	Alto

Concorrência globalizada em um mundo de branding

A digitalização confundiu a intensidade competitiva e a forma como as empresas ganham dinheiro. Ela também acrescentará novas arenas de concorrência — tanto industrial quanto geograficamente. O blockchain representa a erosão das fronteiras nacionais; o seu ledger global não discrimina de acordo com a jurisdição, e os custos são os mesmos, quer se envie dinheiro para o seu vizinho do lado, quer para uma loja virtual em outro continente. Fintechs e coletores de dados já operam globalmente, e para os bancos será mais fácil do que nunca fazer o mesmo. Em um mercado verdadeiramente globalizado, haverá uma corrida sem precedentes de bancos maiores para se posicionarem em países de todo o mundo. Afinal, uma vez instalado um sistema de blockchain, os custos de configuração por país serão uma fração do nível de investimento atualmente necessário. A barreira que delimita os novos mercados não é mais a infraestrutura de TI, mas um forte branding.

No entanto, não significa necessariamente que aqueles com os maiores bolsos vão ganhar a batalha das marcas. Problemas legados assolam o marketing quase tanto quanto o fazem no TI. Abordagens de marketing atuais e antigas podem, de fato, impedir que os bancos utilizem eficazmente seus orçamentos de marketing. Embora eles tenham um tremendo patrimônio de marca, ele é fragmentado e disperso por todo o mundo.

Muitos bancos têm dezenas de marcas para diferentes mercados, às vezes até mesmo múltiplas marcas dentro de um mesmo país. Isso é mais frequentemente ocasionado por resultado de aquisições e ajustes locais, uma vez que os nomes são frequentemente escolhidos para refletir a localidade. Empresas como Google e Amazon, no entanto, transcendem as preferências locais porque foram construídas em uma era globalizada e conectada. As fintechs também são assim. O PayPal pode não ter sido uma revolução técnica, mas a lição que sua ascensão estelar nos ensina é que uma marca digital com apelo global pode ganhar aceitação rapidamente, mesmo em um campo sem grandes emoções como o de finanças. As marcas globais não precisam empregar exérci-

Embora eles tenham um tremendo patrimônio de marca, ele é fragmentado e disperso por todo o mundo.

tos de marqueteiros para moldar a mensagem em diferentes logotipos, identidades visuais e jogos de palavras. Se quiserem patrocinar eventos esportivos internacionais, os efeitos serão abrangentes, pois todos os países reconhecerão sua marca instantaneamente. Para os bancos, no entanto, é muito raro que as agências locais tenham a mesma marca que os grupos bancários internacionais. Acima de tudo, os gigantes de TI são donos das interfaces que os clientes observam todos os dias; as letras do Google são vistas sempre que alguém pesquisa na web, sem que isso custe um centavo ao Google. A maçã mordida da Apple brilha sempre que um iPad é levantado ou um iMac é fechado.

Para além das marcas, a proximidade geográfica era a principal razão pela qual as pessoas escolhiam um determinado banco. No entanto, esse não será mais o caso em uma era digitalizada. O que os bancos precisam fazer é unificar sua aparência, concentrar seu patrimônio de marca absorvendo marcas locais e conquistar uma posição na mente dos consumidores. O Fidor Bank e alguns outros estão se estabelecendo como uma nova alternativa às instituições empoeiradas. No entanto, os bancos terão de fazer mais; terão de encontrar algo único que não possa ser reproduzido — e que escale. É um tremendo investimento inicial e um empreendimento arriscado, mas que será amortizado ao longo dos anos.

Criar uma marca verdadeiramente global não significa apenas recolorir anúncios e panfletos corporativos. Para ser verdadeiramente competitivo globalmente, é necessário ter o mesmo posicionamento, as mesmas mensagens, mas o mais importante é que é necessário tratar os clientes igualmente em todos os territórios. Será difícil explicar a um trabalhador chinês por que está pagando taxas de conta mais elevadas por um serviço do que um estudante no Reino Unido, ou vice-versa, ou por que um determinado serviço não é oferecido em determinado território.

Marcas internacionalmente fortes alavancam efeitos de rede. Se o mundo estiver se aproximando e as transações transfronteiras estiverem aumentando, então o método de pagamento de um cliente será determinado pelo que seu homólogo internacional é capaz de aceitar. A minha contraparte usa o mesmo serviço, apesar de estar a milhares de quilômetros de distância? Eles conhecem as marcas e suas ofertas? A probabilidade de que os usuários além das fronteiras conheçam e usem as mesmas marcas financeiras é menor do que ambos conhecerem o Google, Facebook ou Amazon, ou mesmo o PayPal. É por isso que as redes sociais locais não têm tido muito sucesso; há muitos desafios locais ao LinkedIn, por exemplo, mas por que você se preocuparia com algo que só pode ser usado regionalmente quando há uma alternativa global? É aqui que uma interface unificada que pudesse gerir todos os bancos ajudaria; uma cooperação do tipo SWIFT, talvez?

É sempre bom haver concorrência. É bom para o serviço ao cliente, bom para os preços e bom para a inovação .

Assim, o blockchain está destinado a derrubar as barreiras nacionais, o que é um efeito desejado. É sempre bom haver concorrência. É bom para o serviço ao cliente, bom para os preços e bom para a inovação. A concorrência globalizada é ainda melhor. Com menos fronteiras e mais prestadores de serviços entre os quais escolher, os preços cairão e, quanto mais baixos forem os preços, menor será a desigualdade econômica. Ao longo dos séculos, o princípio do livre mercado tem sido a maior força equalizadora do mundo. O blockchain é sua mais recente expansão, porque a redução dos preços do capital e dos pagamentos tem um efeito particularmente acelerado. No Capítulo 7, vamos considerar se isso vai ou não acontecer, e como pode acontecer.

CAPÍTULO SETE

Uma promessa inigualável... para alguns

Mito: "O blockchain vai aumentar a distância entre os que têm e os que não têm."

Libertar o livre mercado por meio da libertação de capitais

Como qualquer avanço tecnológico, o blockchain tem desencadeado inúmeras discussões sobre o impacto ético. Graças às inúmeras possibilidades de aplicação, existem muitos perigos éticos terríveis, mas, para os contrabalançar, existem também possibilidades incríveis. Para os pagamentos, há quatro grandes temas ao considerar as dimensões éticas do blockchain: alimentar a economia paralela, cortar os empregos tradicionais, bombear a economia legítima e criar igualdade financeira global.

Vamos ver o primeiro. O fato de que o blockchain pode ser usado para negócios escusos chamou a atenção do público como nenhum outro tópico. Pensando racionalmente, essa não é a dimensão de maior impacto ético, mas há exemplos de como o blockchain pode ser usado como uma força para o bem a esse respeito. Pense na repressão da Silk Road mencionada anteriormente. A questão subjacente é sempre quanto controle governamental é necessário e desejável. O bitcoin dificulta muito o rastreio de atividades ilegais pelas autoridades, e essas atividades que vão desde o financiamento de terroristas, lavagem de dinheiro até ataques de hacking na deep web. Ao mesmo tempo, porém, permite o financiamento de meios de comunicação social independentes em regimes autocráticos. Os proponentes do bitcoin o defendem argumentando que não são as falhas na tecnologia que alimentam seu lado negro, mas "abuso por pessoas" (UMEH, 2016). Eles estão certos ao dizer que o dinheiro também pode ser usado como um instrumento para atividades ilegais, mas há evidências de uma correlação extrema entre bitcoin e mercados ilegais (CHRISTIN, 2013). Se os bancos conseguirem aproveitar a tecnologia e apertá-la nas medidas da regulamentação atual, os resquícios ruins da deep web seriam engolidos e o blockchain poderia se tornar uma força para o bem. Para que isso aconteça, os bancos precisam legitimá-lo. Novamente, a bala de prata é um blockchain centralizado, pois a configuração técnica permite todos os controles necessários. Isso não quer dizer, no entanto, que bitcoin e outros aplicativos descentralizados devem ser banidos. Como discutido no Capítulo 2, o Canadá dispõe de uma abordagem "mais leve", uma forma melhor de lidar com o problema. Não se pode controlar tudo no lado negativo da rede, mas os governos têm de eliminar a possibilidade de o valor criptografado "sujo" ser introduzido no sistema legal. Poderiam fazê-lo regulando as exchanges ou mesmo concedendo-lhes licenças, bem como acompanhando e analisando os movimentos monetários.

A segunda crítica ao blockchain, de que cortará postos de trabalho tradicionais, não pode ser resolvida por meio de regulamentação. Durante a maior parte da história da humanidade, o crescimento econômico extraordinário se correlacionou com a automação, mas, ao mesmo tempo, a automação teve um impacto negativo nos níveis de emprego nas áreas que revolucionou. Portanto, não é de admirar que haja preocupação com o impacto que o blockchain poderia ter sobre os atuais empregos financeiros. Essa crítica é dirigida a qualquer nova tecnologia, quer se trate de automóveis sem motorista, quer se trate de lojas virtuais, mas, no fim de contas, a inovação libera capacidades que podem ser dirigidas para outro lugar. Há capacidades mais do que suficientes para usufruir disso: só nos Estados Unidos, 6,2 milhões de pessoas trabalham em finanças (SELECTUSA, 2016), enquanto no Reino Unido são 1,1 milhão (MACASKILL; JESSOP; COHN, 2017). Existe realmente um impacto tecnológico observável nos números de emprego ou é apenas uma invenção promulgada por jornalistas e líderes sindicais nervosos?

Vamos dar uma olhada em avanços comparáveis no passado. Os caixas eletrônicos talvez sejam o melhor exemplo de uma tecnologia bancária que tornou o trabalho humano obsoleto. Antes da sua introdução, os funcionários e balconistas costumavam realizar tarefas monótonas: verificar identificações e saldos de contas, contar dinheiro e documentar meticulosamente cada transação. Vale lembrar o exemplo da Citicorp do Capítulo 3 e analisar o impacto dos caixas eletrônicos na força de trabalho. Os números reais falam por si: quando a Citicorp introduziu as máquinas mágicas, o número de funcionários das agências não caiu. Pelo contrário: passou de 7.100 em 1977 para 8.400 em 1988. Como isso foi possível? A nova tecnologia substituiu a entrega de cédulas por tarefas mais desafiadoras, como produtos de vendas cruzadas ou de categoria mais alta. Além disso, os caixas eletrônicos deram à Citicorp uma vantagem invisível sobre a concorrência. Não apenas conquistaram clientes dos concorrentes, mas também pessoas que anteriormente não faziam muito uso de serviços bancários — talvez por evitar contato humano — passaram a visitar

Quando a Citicorp introduziu os caixas eletrônicos, o número de funcionários das agências não caiu.

o banco com mais frequência. O mercado foi ampliado (GLASER, 1988) e os funcionários ficaram mais felizes com o fato de tarefas menores terem sido substituídas por outras mais exigentes.

No entanto, o blockchain terá também um impacto ético positivo, na medida em que se espera que dinamize a economia legítima e promova a igualdade financeira global. De acordo com as previsões, o blockchain vai poupar aos bancos de quinze a vinte bilhões de dólares anualmente (SANTANDER; OLIVER WYMAN; ANTHEMIS GRUPO, 2015). Esse dinheiro será então investido para alimentar outras partes da economia. Nos bancos de investimento, a tecnologia reduz a vida útil da transação, liberando assim um capital gigantesco que está atualmente bloqueado para voltar aos negócios até que sejam honrados. O blockchain também possibilita a facilidade de microempréstimos que bombearão capital fresco e imediato diretamente para o mercado. A Foundation Capital (2014) calcula que, até 2025, o financiamento coletivo e empréstimos P2P atingirão um volume de um trilhão de dólares e, em grande medida, isso só será possível graças ao blockchain. Quando esse dinheiro for reinvestido ou gasto, desencadeará uma onda de crescimento econômico. De certa forma, é comparável à invenção da sociedade anônima ou à criação do crédito. Cada vez que grandes somas de dinheiro são liberadas, segue-se um boom econômico. Mais dinheiro é investido em indústria, tecnologia e investigação e desenvolvimento, o que, por sua vez, acaba por aumentar a qualidade de vida de todos.

Assim, as economias ficarão mais ricas, e, quando isso acontecer, e mais pessoas tiverem acesso a serviços bancários a preços acessíveis, podemos esperar que o número de pessoas sem conta bancária diminua. Novos segmentos da população terão acesso aos serviços bancários, melhorando, assim, suas finanças pessoais. No entanto, o crescimento nos mercados ocidentais maduros em breve atingirá o teto. As regiões que anteriormente não eram bem-vistas do ponto de vista do risco e das receitas podem vir a revelar-se a nova terra prometida.

A maior expansão de mercado da história — integrando os dois bilhões sem banco

Há potencial para que o blockchain tenha um futuro brilhante nos países em desenvolvimento; ele pode oferecer uma estrutura paralela para desafiar regimes opressivos, uma forma de movimentar dinheiro em regiões sem bancos, tudo a uma fração do preço atual. De fato, o chamado índice de potencial de mercado de bitcoin (HILEMAN, 2015), uma medida que quantifica as chances de sucesso do bitcoin de acordo com o país, coloca Argentina, Venezuela e muitos países subsaarianos no topo da lista. Uma inflação estável, crises financeiras e uma economia dinâmica e potencialmente ilegal são os principais motores. No meio desses problemas, grupos radicais — o mais conhecido é o Bitnation — sonham até mesmo em substituir os monopólios estatais por ledgers distribuídos e contratos inteligentes.

Mas vejamos os fatos. Até agora só existem provas questionáveis de que as pessoas estão usando bitcoins. Por quê? Para começo de conversa, o potencial de capturar aqueles que não utilizam bancos está histericamente inflacionado. Ter um smartphone não é o suficiente; dos um bilhão de usuários de smartphones sem banco (RANGAN; LEE, 2010), nem todos podem executar os aplicativos necessários, porque eles usam principalmente hardware remanufaturado e desatualizado. Além disso, não é fácil usar as criptomoedas, e há muita pouca consciência sobre elas nas regiões mais pobres do mundo. Para aqueles que estão cientes, o medo de perder tudo por meio de roubo cibernético ou de uma transação que vai à falência pode fazer com que as evitem. Mesmo que, por algum milagre, pudéssemos fazer com que todos os não usuários de bancos começassem a utilizar os bitcoins e assim fizéssemos com que todas as deficiências da criptomoeda desaparecessem, o impacto equalizador seria decepcionante. Por quê? Porque o bitcoin e outras startups de criptomoeda descentralizada são os mais fracos no que é mais necessário para a inclusão financeira: o crédito. Ser capaz de movimentar dinheiro é ótimo, mas não ajuda se não houver nada para movimentar. Para poder oferecer crédito, é necessário liquidez, especialistas em risco e mecanismos de estabilidade — um algoritmo por si só não bastará. Os empréstimos P2P vão ajudar, mas têm limites.

Então, obviamente, essas soluções rápidas para problemas sociais podem não ser o que aparentam. O bitcoin abolirá a pobreza tanto quanto os contratos inteligentes abolirão a tirania. A partir de agora, focarei o que os bancos e os responsáveis pela coleta de dados podem fazer com moedas fiduciárias que são alimentadas por blockchain como um motor de back-end. Isso permitirá uma melhoria lenta, mas substancial. Existe um enorme potencial, mas vai demorar mais do que o esperado. Cerca de dois bilhões de adultos estão atualmente excluídos do sistema financeiro (WORLD BANK GROUP, 2015). Alguns escolheram isso, mas a maioria das pessoas não tem outra opção; ou a infraestrutura não está disponível ou é tão cara que só um pequeno grupo seleto pode pagar. Apesar de haver uma lacuna entre pessoas que usam bancos e pessoas que não usam nos Estados Unidos e na Europa, isso é um problema real nos países em desenvolvimento, onde apenas 51 por cento da população tem uma conta em comparação com 94 por cento nos países da OCDE (GRUPO DO BANCO MUNDIAL, 2015). O que agrava a situação é o fato de os bancos norte-americanos e europeus estarem se afastando cada vez mais dos mercados internacionais, até mesmo se retirando deles. Considere como o Citi está retirando seus negócios de fora dos Estados Unidos. Ele tinha cinquenta filiais estrangeiras em 2007. Dez anos depois, restaram dezenove. Seus homólogos europeus têm eliminado as filiais no mesmo ritmo. Os bancos chineses estão mostrando uma tendência oposta (THE ECONOMIST, 2017), mas é questionável se eles podem compensar a retração euroamericana que exacerba o desequilíbrio econômico entre os países. Sim, ter bancos demais não leva à pobreza; ter menos bancos que o necessário, sim — esta é uma lição simples que muitos entusiastas da criptografia ainda

Ter bancos demais não leva à pobreza; ter menos bancos que o necessário, sim.

têm de aprender. Quando não existem instituições financeiras legítimas, as pessoas não podem salvaguardar seus bens, não têm recursos para investir e, eventualmente, os agiotas preenchem o vazio. Cobram taxas de juros sufocantes que, inevitavelmente, levam as pessoas ao descumprimento e, como os agiotas operam ilegalmente, esses descumprimentos podem ter consequências terríveis para o cliente; não é por acaso que, na cabeça da maioria das pessoas, existem imagens de devedores sendo espancados ou com os polegares cortados. As fontes ilegítimas de capital agravam a divisão entre os que têm e os que não têm, e elas possibilitam e são viabilizadas por toda uma rede de crime organizado que cresce na ausência de uma alternativa legítima. Portanto, só quando a desigualdade financeira cai é que a desigualdade econômica pode fazer o mesmo. Os impostos provenientes da valorização do capital fluem para os cofres e o Estado de direito e a ordem são reforçados.

No entanto, os vazios financeiros nem sempre têm de ser preenchidos por cobradores de dívidas cruéis e torturadores. A falta de um mercado financeiro eficaz pode desacelerar o processo econômico, privando as pessoas de segurança e de fundos. Em regiões onde existem instituições, mas que enfrentam pouca concorrência, taxas exorbitantes e juros florescem, o que, por sua vez, dificulta o crescimento econômico à medida que as pessoas hesitam em usar os serviços. É aqui que o blockchain pode ajudar. Ao reduzir o máximo possível os custos de armazenamento e transferência de dinheiro, o acesso aos serviços financeiros deve explodir, aumentando o nível de vida e contribuindo para uma maior igualdade dentro de uma economia. Essa igualdade, por sua vez, alimentará o crescimento macroeconômico e reduzirá a diferença entre os países.

Há outra injeção de dinheiro que as economias mais pobres receberão do blockchain, uma vez que reduzirá os enormes custos de remessas atualmente existentes. Contrariamente à crença popular, o maior fluxo de dinheiro do Ocidente para os países em desenvolvimento não é a ajuda externa. Também não é o investimento estrangeiro direto, mas sim as remessas que as diásporas enviam de volta para casa. No Haiti, por exemplo, em 2015, 25 por cento do produto interno bruto (PIB) era constituído por remessas; nas Filipinas, era de cerca de dez por cento (FRED, 2017a, 2017b). É bastante comum pagar taxas de até sete por cento porque o dinheiro fica preso durante semanas antes de chegar ao destino. Um exemplo de como o blockchain pode eliminar essas taxas e liberar capital imediatamente é a startup Abra. Ela usa bitcoin e Litecoin, uma criptomoeda bastante parecida, para transformar cada smartphone em um caixa eletrônico para outros membros da rede. No entanto, sem uma moeda fiduciária, as soluções em matéria de remessas enfrentam um desafio adicional: necessitam de mercados cambiais suficientemente líquidos. Mais uma vez, cortar as remessas é apenas um curativo que pode impedir *um pouco* do sangramento de dinheiro no sistema financeiro. Os países em desenvolvimento precisam de uma revisão sistemática em todos os níveis: transação, armazenamento e empréstimo. Isso não acontecerá se as moedas fiduciárias e os bancos continuarem a ser categoricamente rejeitados pela comunidade blockchain.

A ameaça dos desertos bancários e das divisões locais

Portanto, a perspectiva é simples: à medida que o blockchain torna os serviços financeiros mais baratos, os bancos podem conquistar bilhões de novos clientes e, assim, tirar as regiões esquecidas da pobreza e do desespero. Infelizmente, esse cenário se baseia em outro equívoco comum: que as transações em blockchain são gratuitas. E não falo apenas de transações de bitcoins — embora o preço tenha aumentado vertiginosamente; em meados de dezembro de 2017, a transação média de bitcoins custava 28 dólares (BROWNE, 2017). Também estou falando de soluções centralizadas eficientes. A solução de algoritmos para verificar transações desperdiça energia e depende da infraestrutura de TI que precisa ser configurada e reparada. Tudo isso custa dinheiro. Apesar disso, o mito das transações em blockchain serem gratuitas ainda persiste.

Os custos transcendem em muito as tecnicalidades: combater a lavagem de dinheiro e o financiamento do terrorismo, obedecer às sanções econômicas e fazer com que os clientes conheçam a marca e saibam da oferta exige que o dinheiro seja injetado sem parar. Os custos da expansão regional superam de longe os de outras soluções de TI famosas que recentemente desempenharam um papel equalizador — ou seja, o motor de pesquisa do Google. Não se esqueça, os bancos querem *ganhar* dinheiro. Espere, mas e os serviços básicos gratuitos que apresentei anteriormente como um modelo de negócio viável? O ponto crucial é que eles dependem de algum tipo de venda cruzada ou de upgrade — os bancos não ganham dinheiro com comissões associadas às contas bancárias, mas com empréstimos e apólices de seguro. É muito difícil vender essas coisas onde há pouco poder de compra, e se há pouco potencial para a venda cruzada de produtos rentáveis, por que alguém se preocuparia em construir e manter a oferta gratuita? O fato de os produtos de alto risco, como crédito e seguros, serem mais caros para o cliente nas regiões mais pobres enfraquece ainda mais o caso. O fato é que os bancos precisam ganhar muito mais dinheiro para permitir a alta taxa de inadimplência; é muito mais provável que as pessoas sejam incapazes de pagar suas dívidas do que em uma economia forte. Isso significa inevitavelmente que as taxas de juros serão piores na Somália do que na Suécia.

Naturalmente, os bancos se articulam para servir regiões mais rentáveis, deixando assim um vazio conhecido como "desertos bancários" para trás. Trata-se de vastas extensões de terra onde a população não tem ou tem acesso limitado a serviços financeiros. No Capítulo 5, vimos o efeito devastador em longo prazo que o encerramento de agências bancárias pode ter não só sobre os indivíduos, mas também sobre as pequenas e médias empresas. A intensidade competitiva entre os bancos é indissociável da saúde econômica de uma região. Formas ainda mais leves de desertos, com uma ou duas instituições, dificultam e encarecem a obtenção de dinheiro. Muitas vezes, os operadores locais oferecem apenas serviços com margens elevadas, o que dificulta o crescimento. Por exemplo, os empréstimos consignados são mais caros do que os empréstimos de longo prazo. Mas, perante a falta de alternativas, as pessoas têm de recorrer a esse crédito pesado em termos de juros.

Assim, eventualmente, o blockchain poderia ter um efeito semelhante ao da introdução de megalojas: apesar de fornecerem serviços mais baratos, segmentos inteiros considerados não rentáveis correm o risco de não serem atendidos. Nesse cenário, as vantagens de custo serão repassadas aos clientes em regiões com muitos concorrentes. Portanto, os grupos que já estão em melhor situação financeira observam seus custos caírem enquanto o mesmo não acontece com quem tem dificuldades financeiras. Assim, em vez de aliviar a desigualdade, o corte de custos do blockchain poderia, na verdade, exacerbá-la.

Nos países pobres, os desertos são maiores, mais frequentes e têm um impacto maior devido à falta de outras infraestruturas. Quando as autoestradas são decrépitas e o combustível é caro, ir de carro visitar uma agência bancária a cinquenta quilômetros de distância apenas para obter mais prazo para o pagamento de seu empréstimo não é realmente uma opção viável. No entanto, esse perigo não se limita às pequenas aldeias africanas isoladas dos centros urbanos. Tomemos o exemplo dos Estados Unidos. Quase vinte por cento de todas as famílias estão sem acesso suficiente a bancos, e sete por cento não têm nenhum acesso. É mais provável que sejam pessoas não brancas, tenham pouca educação formal e ganhem menos. Além disso, dez por cento dessas famílias enviaram remessas nos últimos doze meses, pagando taxas especialmente elevadas. As famílias de baixa renda já estão muito mais sobrecarregadas com despesas financeiras do que os escalões superiores da curva de renda. É de admirar, então, que 27,7 por cento dos pesquisados sem conta bancária digam que a principal razão pela qual não têm uma conta seja porque é cara demais? O medo de taxas altas ou imprevisíveis também aparece com destaque para 24 por cento dos entrevistados (FDIC, 2016).

O aumento da desigualdade alimenta uma espiral negativa. Quanto mais você paga por serviços financeiros e quanto mais seu poder de compra diminui, menos atraente você se torna aos olhos dos atores financeiros. Isso, por sua vez, leva a preços estagnados ou mesmo mais altos. O que é incrível a respeito das espirais, no entanto, é que elas também podem ser viradas ao contrário. Assim, o blockchain poderia fazer uso de um efeito de aceleração embutido: quanto mais o poder de compra aumenta, mais atraentes se tornam os segmentos não bancários e mais acessível fica o capital. Portanto, o blockchain será um catalisador da equalização, mas será um caminho traiçoeiro, e bem diferente de como os proponentes imaginam que será. Também dependerá de uma série de outros fatores, pois faz parte de um pacote de tecnologias, como inteligência artificial ou big data, que compõem o paradigma digital. O blockchain é a chave que acabará por desbloquear o potencial de penetração dos bancos digitais e dos smartphones.

Raios de esperança

Ao longo da história, as revoluções financeiras moldaram a humanidade, muitas vezes precedendo mudanças sociais e tecnológicas radicais. Como vimos no início deste livro, esse foi o caso para o desenvolvimento da palavra escrita que foi inventada para acompanhar as transações monetárias. Foi também o caso da Revolução Industrial na Grã-Bretanha e na Europa, para a qual três grandes inovações financeiras no século XVII abriram o caminho: as transações intra e interbancárias constituíram o primeiro avanço. Com isso, as agências podiam enviar dinheiro para toda uma rede de instituições financeiras, em vez de limitarem seus clientes a um único banco. O Amsterdam Exchange Bank (Wisselbank) autorizou os comerciantes a creditar a conta de outrem debitando a própria conta. No entanto, o banco só podia dar dinheiro que efetivamente tinha no cofre. Embora isso impedisse a possibilidade de uma corrida aos bancos, ou seja, o banco ficar sem dinheiro devido ao fato de todos os clientes sacarem dinheiro simultaneamente, significava que os bancos não podiam realizar o que mais tarde viria a ser conhecido como "sistema de reserva fracionária" ou simplesmente "criação de crédito". A criação de crédito, o segundo grande avanço, foi introduzida em meados do século XVII. Foi quando os bancos emprestaram depósitos de outros mutuários. Isso injetou montanhas de dinheiro jamais vistas na economia e permitiu os investimentos necessários para que a Revolução Industrial ocorresse. A terceira mudança foi a criação do Banco da Inglaterra, que se tornou o primeiro banco com monopólio de emissão de notas. Era um banco central clássico (FERGUSON, 2008). Agora você pode se perguntar por que isso tudo importa. Por que a história financeira é importante para o blockchain? Simplesmente porque ilustra como, cada vez que as finanças evoluem, a vida das pessoas melhora. A disponibilidade de capital é crucial para permitir que todos os outros setores da economia e da sociedade floresçam. Independentemente do paradigma que prevalece e do recurso primário que impulsiona seu crescimento, a disponibilidade e os fluxos de dinheiro decidem quão eficaz o paradigma pode ser. Os dados podem até ser o petróleo do século XXI, mas a necessidade de capital nunca muda; é uma constante, o óleo da máquina do progresso humano. Hoje em dia, sua circulação garante que os dados possam ser recolhidos, armazenados e analisados corretamente, tal como no passado se assegurou de que o petróleo podia ser extraído, refinado e transportado para seu destino.

Os dados podem até ser o petróleo do século XXI, mas a necessidade de capital nunca muda.

Os entusiastas do blockchain veem a tecnologia conquistar todos os poros da vida humana, mas a verdade é que ela não precisa fazer isso para fazer a diferença. A maioria das pessoas notará um benefício se ele melhorar o sistema financeiro. Será que as lições da invenção da escrita ou da Revolução Industrial parecem distantes demais para que possam ser transferidas para a criptografia e a computação distribuída? É justo, mas depois vejam o que uma inovação financeira muito menos revolucionária do que o blockchain pode fazer. Lembra do sistema de pagamento por SMS do Quênia, a M-Pesa? Um estudo sobre ele publicado na *Science* constatou que o acesso ao dinheiro móvel fez com que o número de famílias em situação de pobreza baixasse em 192 mil (ou dois por cento) e alimentasse o consumo a longo prazo. Além disso, teve um efeito de igualdade de gênero, pois foram particularmente as famílias lideradas por mulheres que lucraram com a M-Pesa (SURI; JACK, 2016) — 192 mil dentro de um país são muitas pessoas. Aumentar as finanças e, assim, a economia, tem um efeito transformador em uma sociedade muito melhor do que qualquer solução em particular. O blockchain pode muito bem ser um livro-razão imutável no qual o registro de imóveis pode ser colocado, mas não faz sentido fazer isso se um regime autocrático tiver uma trava no poder. Tirar centenas de milhares ou mesmo milhões de pessoas da pobreza e atraí-las para o sistema financeiro é uma história diferente, pois isso dá a elas mais opções, mais peso econômico e, eventualmente, mais poder político. O impacto financeiro é o benefício básico do blockchain sobre o qual todos os outros são construídos. Não virá de um dia para o outro, mas virá. O seu efeito será sustentável e integrado no paradigma digital, uma vez que todas as inovações financeiras anteriores foram integradas nos seus paradigmas.

O blockchain pode ser apenas a tecnologia para desbloquear o confronto entre dois grupos de golias: bancos versus monstros de dados.

Para que isso aconteça, o foco deve estar no que realmente é o blockchain. Existe um paralelo entre o blockchain e a Torre de Babel. Uma alusão a uma "confusão de línguas" resultante do excesso de confiança que tem acompanhado a nova tecnologia. O blockchain é confundido com seus aplicativos, o bitcoin ganha fama apesar de estar tecnicamente condenado, os mecanismos e a terminologia são confusos e cada ciclo da vida humana está igualmente pronto para a disrupção. Sete grandes mitos que foram desmascarados ao longo deste livro perduram como nuvens escuras sobre cada discussão. Com todo o alarde em conferências e na mídia, e das frases que dominam as manchetes, é difícil discernir as iniciativas que realmente farão a diferença.

O blockchain pode ser apenas a tecnologia para desbloquear o confronto entre dois grupos de golias, um confronto que já começou na Ásia Oriental: bancos *versus* monstros de dados. E será uma revelação. Os gigantes digitais e as startups conquistaram uma indústria após outra, mas a série de vitórias parou quando enfrentaram concorrentes do próprio calibre. A Amazon conquistou muitos segmentos de varejo, mas até agora não tem sido bem sucedida no setor alimentício, onde o Walmart é um gigante igual em força e eficiência. Não ter conseguido desbancar a "Besta de Bentonville" deixa à mostra os limites da famosa onipotência do Vale do Silício. Espere uma batalha igualmente emocionante com os bancos. Os monstros de dados não encontrarão resistência passiva, mas gigantes com fortalezas inconquistáveis e um baú de guerra suficientemente grande para ser invejado por qualquer outra indústria. Em última análise, não é sua existência que está em jogo, mas sim sua fatia de mercado.

Assim, caso você seja um general envolvido nessa batalha, lembre-se de que os monstros de dados têm sido bem-sucedidos por serem centrados no cliente. Assim como o Walmart, que conseguiu desafiá-los por causa do tamanho, mas acima de tudo porque faz mais do que colocar os clientes em primeiro lugar — coloca-os no centro de tudo o que faz. Os bancos também têm de aprender a girar em torno do cliente, e não do regulador ou do responsável pelo compliance. Eles precisam adaptar todos os processos — front-end *e* back-end — para atender às necessidades de seus clientes.

Se você não está na linha de frente, mas é apenas um espectador interessado, então sente-se e aproveite o passeio. Porque, entre todas as incertezas, uma coisa é certa: *você* estará do lado vencedor quando as forças competitivas do livre mercado reduzirem o custo dos serviços bancários. Quanto mais intensa for a batalha, mais você vai gostar dela.

Referências bibliográficas

Introdução

Ali, R *et al.* (2014) Innovations in payment technologies and the emergence of digital currencies, *Bank of England Quarterly Bulletin*, Q3, pp 1-14

Bovaird, C (2016) [acesso em 15 de fevereiro de 2018] Bitcoin Price Climbs Over 50% in First Half of 2016, *CoinDesk*, 12/07 [On-line] http://www. CoinDesk.com/bitcoin-price-h1-report-2016/

Burne, K e Sidel, R (2017) [acesso em 15 de fevereiro de 2018] Hackers Ran Through Holes in Swift's Network: Payment-Transfer Network Left Banks Largely Responsible For Their Own Cyberdefense; Old Passwords at Bangladesh's Central Bank, *The Wall Street Journal*, 30/04 [On-line] https://www.wsj.com/articles/hackers-ran-through-holes-inswifts-network-1493575442

Coinometrics (2015) em Skinner, C (2016) *Value Web: How fintech firms are using mobile and blockchain technologies to create the internet of value*, Marshall Cavendish Business, Cingapura

Dimon, J (2015) [acesso em 20 de agosto de 2018] JP Morgan Chase & Co, Relatório Anual 2014 [On-line] http://files.shareholder.com/downloads/ONE/15660259x0x820077/8af78e-45-1d81-4363-931c-439d04312ebc/JPMC-AR2014-Letter-ToShareholders.pdf

Donnelly, J (2016) [acesso em 15 de fevereiro de 2018] Why Bitcoin's Halving Was a Boring Vindication, *Coindesk*, 16/07 [On--line] http://www.CoinDesk.com/bitcoin-halving-event-boring-vindication-software/

Eyal, I e Gün Sirer, E (2014) [acesso em 15 de fevereiro de 2018] Majority Is Not Enough: Bitcoin Mining is Vulnerable, *The 18th International Conference on Financial Cryptography and Data Security (FC), Barbados* [On-line] https://arxiv.org/abs/1311.0243

Franco, P (2015) *Understanding Bitcoin: Cryptography, engineering and economics*, Wiley Finance Series, Chichester

Heires, K (2016) The risks and rewards of blockchain technology, *Risk Management* (março), pp 4-7

Hertig, A (2018) [acesso em 15 de fevereiro de 2018] How To Save On Bitcoin's Soaring Fees, *CoinDesk*, 23/01 [On-line] https://www.coindesk.com/save-bitcoins-soaring-fees/

Hileman, G (2016) [acesso em 15 de fevereiro de 2018] State of Bitcoin and Blockchain 2016, *CoinDesk*, 01/02 [On-line] http://www.CoinDesk.com/state-of-bitcoin-blockchain-2016/

Kaminska, I (2014) [acesso em 15 de fevereiro de 2018] Bitcoin's Wasted Power – and How It Could Be Used to Heat Homes, *Financial Times*, 05/09 [On-line] https://www.ft.com/content/384a349a-32a5-11e4-93c6-00144feabdc0

Leising, M (2015) [acesso em 15 de fevereiro de 2018] The Blockchain Revolution Gets Endorsement in Wall Street Survey, *Bloomberg News*, 22/07 [On-line] http://www.bloomberg.com/news/articles/2015-07-22/the-blockchain-revolution-gets-endorsement-in-wall-street-suret-survey

McCook, H (2014) [acesso em 15 de fevereiro de 2018] Under the Microscope: Economic and Environmental Costs of Bitcoin Mining, *CoinDesk*, 21/06 [On-line] http://www.CoinDesk.

com/microscope-economic-environmentalcosts-bitcoin-mining/

Nakamoto, S (2008) [acesso em 15 de fevereiro de 2018] Bitcoin: A Peer-to-Peer Electronic Cash System [On-line] https://bitcoin.org/bitcoin.pdf

Peters, G e Panayi, E (2015) [acesso em 15 de fevereiro de 2018] Understanding Modern Banking Ledgers through Blockchain Technologies: Future of Transaction Processing and Smart Contracts on the Internet of Money, *Cornell University*, 18/11 [On-line] https://arxiv.org/pdf/1511.05740.pdf

Santander InnoVentures, Oliver Wyman e Anthemis (2015) [acesso em 15 de fevereiro de 2018] The Fintech 2.0 Paper: Rebooting Financial Services [On-line] http://santanderinnoventures.com/wp-content/uploads/2015/06/The-Fintech-2-0-Paper.pdf

Skinner, C (2016) *Value Web: How fintech firms are using mobile and blockchain technologies to create the internet of value*, Marshall Cavendish Business, Cingapura

Swan, M (2015) *Blockchain: Blueprint for a new economy*, O'Reilly Media Inc, Sebastopol, CA

Tapscott, D e Tapscott, A (2016) *Blockchain Revolution: How the technology behind bitcoin is changing money, business, and the world*, Penguin Random House, New York

The Economist (2015) Briefing blockchains: the great chain of being sure about things, *The Economist*, 31/10, pp 21-24

The Economist (2016) [acesso em 15 de fevereiro de 2018] The World If — If Financial Systems Were Hacked, *The Economist*, 16/6 [On-line] http://worldif.economist.com/article/12136/joker-pack

The Economist (2017) [acesso em 15 de fevereiro de 2018] Why Everything Is Hackable: Computer Security Is Broken From Top To Bottom, *The Economist*, 08/04 [On-line] https://www.economist.com/news/science-and-technology/21720268-consequences-pile-up-things-arestarting-improve-computer-security

The Nilson Report (2017) [acesso em 15 de fevereiro de 2018] Card Fraud Losses Reach $22.80 Billion, *The Nilson Report*,

1118 (outubro) [On-line] https://www.nilsonreport.com/publication_the_current_issue.php

Umeh, J (2016) Blockchain: Double Bubble or Double Trouble, *ITNOW* (março), pp. 58-61

Walport, M (2016) [acesso em 15 de fevereiro de 2018] Distributed Ledger Technology: Beyond Block Chain — A Report by the UK Government Chief Scientific Adviser [On-line] https://www.gov.uk/government/uploads/system/uploads/attachment_data/file/492972/gs-16-1-distributedledger-technology.pdf

Wild, J, Arnold, M e Stafford, P (2015) [acesso em 15 de fevereiro de 2018] Technology: Banks Seek the Key to Blockchain: Financial Groups Race to Harness the Power of the Bitcoin Infrastructure to Slash Costs, *Financial Times*, 1/11 [On-line] https://next.ft.com/content/eb1f8256-7b4b-11e5-a1fe-567b37f80b64

Wile, R (2013) [acesso em 15 de fevereiro de 2018] 927 People Own Half of Bitcoin, *Business Insider*, 10/12 [On-line] http://www.businessinsider.com/927=-people-own-half-of-the-bitcoins2013-12-?IR-T

Capítulo 1

Ali, R *et al.* (2014) Innovations in payment technologies and the emergence of digital currencies, *Bank of England Quarterly Bulletin*, Q3, pp 1-14

Baxendale, G (2016) Can Blockchain Revolutionise ERPs?, *IT-NOW* (março), pp 38–39

Chaum, D (1983) Blind signatures for unraceable payments, *Advances in Cryptology Proceedings*, 82 (3), pp 199-203

Christensen, C (1997) *The Innovator's Dilemma: When technologies cause great firms to fail*, Harvard Business School Press, Boston, MA

Coinmarketcap (2018) [acesso em 15 de fevereiro de 2018] Criptocurrency Market Capitalizations [On-line] https://coinmarketcap.com/currencies/ethereum/

Danneels, E (2004) Disruptive technology reconsidered: a critique and research agenda, *Journal of Product Innovation Management*, **21**, pp 246-58

eMarketer (2016) [acesso em 15 de fevereiro de 2018] Worldwide Retail eCommerce Sales Will Reach $1.915 Trillion This Year [On-line] https://www.emarketer.com/Article/Worldwide-Retail--Ecommerce-Sales-Will-Reach-1915-Trillion-This-Year/1014369

European Commission [acesso em 15 de fevereiro de 2018] Factsheet on the 'Right To Be Forgotten' Ruling (C-131/12) [On-line] http://ec.europa.eu/justice/data-protection/files/factsheets/factsheet_data_protection_en.pdf

Franco, P (2014) *Understanding Bitcoin: Cryptography, engineering and economics*, John Wiley & Sons, Chichester

Freeman, C (1982) *The Economics of Industrial Innovation*, Frances Pinter, Londres

Freeman, C (1987) *Technology Policy and Economic Performance: Lessons From Japan*, Pinter, Londres

Freeman, C e Perez, C (1988) Structural crisis of adjustment: business cycles and investment behaviour, em *Technical Change and Economic Theory*, ed G Dosi *et al*, pp 38-66, Frances Pinter, Londres.

Gartner (2015) [acesso em 15 de fevereiro de 2018] *Gartner, IoT Report, novembro de 2015*, Comunicado de imprensa de 10 de novembro de 2015, Gartner Says 6.4 Billion Connected 'Things' Will Be In Use In 2016, Up 30 Percent From 2015 [On-line] http://www.gartner.com/newsroom/id/3165317

Hileman, G (2016) [acesso em 15 de fevereiro de 2018] State of Bitcoin and Blockchain 2016, *CoinDesk*, 01/02 [On-line] http://www.CoinDesk.com/state-of-bitcoin-blockchain-2016/

Internet World Stats (2017) [acesso em 15 de fevereiro de 2018] Internet Usage Statistics: The Internet Big Picture [On-line] http://www.internetworldstats.com/stats.htm

Intuit (2012) [acesso em 15 de fevereiro de 2018] GoPayment Survey Estimates $100 Billion in Missed Sales for Small Businesses that Deny Plastic, *Investor Relations*, 22/05 [On-line] http://investors.intuit.com/Press-Releases/Press-Release-Details/2012/GoPayment-Survey-Estimates-100-Billion-in-Missed-Sales-for--Small-Businesses-that-Deny-Plastic/default.aspx

Kiesnoski, K (2017) [acesso em 15 de fevereiro de 2018] The Top 10 US Companies by Market Capitalization, *CNBC*, 24/10 [On-line] https://www.cnbc.com/2017/03/08/the-top-10-us--companies-by-marketcapitalization.html

Kulaev, S (2015) [acesso em 15 de fevereiro de 2018] Nearly Half of Mortgage Borrowers Don't Shop Around When They Buy a Home, *Consumer Financial Protection Bureau*, 13/01 [On-line] https://www.consumerfinance.gov/about-us/blog/nearly-half-of--mortgage-borrowersdont-shop-around-when-they-buy-a-home/

McKinsey (2017) [acesso em 15 de fevereiro de 2018] Payments: On the Crest of the Fintech Wave, *Report May* [On-line] https://www.mckinsey.com/industries/financial-services/our-insights/payments-on-the-crest-ofthe-fintech-wave

NASDAQ (2016) [acesso em 15 de fevereiro de 2018] Building on the Blockchain, *MarketInsite*, 23/03 [On-line] http://business.nasdaq.com/marketinsite/2016/Building-on-the-Blockchain.html

Oliver Wyman e Euroclear (2016) [acesso em 15 de fevereiro de 2018]. Blockchain in Capital Markets: The Prize and the Journey, *Report*, February [On-line] http://www.oliverwyman.com/content/dam/oliver-wyman/global/en/2016/feb/BlockChain-In--Capital-Markets.pdf

Peachey, K (2017) [acesso em 15 de fevereiro de 2018] Mobiles 'Fast Replacing' Bank Branch Visits, *BBC*, 28/06 [On-line] http://www.bbc.com/news/business-40421868

Perez, C (2009) Technological revolutions and techno-economic paradigms, *Working Papers in Technology Governance and Economic Dynamics*, 20, pp 1–16

Peters, G, Chapelle, A e Panayi, E (2014) [acesso em 15 de fevereiro de 2018] Opening Discussion on Banking Sector Risk Exposures and Vulnerabilities from Virtual Currencies: An Operational Risk Perspective [On-line] https://arxiv.org/ftp/arxiv/papers/1409/1409.1451.pdf

Pilcher, J (2017) [acesso em 15 de fevereiro de 2018] Branches in Decline: Last One Out, Turn Off the Lights, *The Financial Brand*, 11/07 [On-line] https://thefinancialbrand.com/66228/bank-credit-union-branchtraffic/

Pureswaran, V e Brody, P (2015) [acesso em 15 de fevereiro de 2018]. Device Democracy: Saving the Future of the Internet of Things, *IBM Report* [On-line] http://www-935.ibm.com/services/multimedia/GBE03620USEN.pdf

Santander InnoVentures, Oliver Wyman e Anthemis (2015) [acesso em 15 de fevereiro de 2018] The Fintech 2.0 Paper: Rebooting Financial Services [On-line] http://santanderinnoventures.com/wp-content/uploads/2015/06/The-Fintech-2-0-Paper.pdf

Skinner, C (2016) [acesso em 15 de fevereiro de 2018] *Value Web: How FinTech firms are using mobile and blockchain technologies to create the internet of value*, Marshall Cavendish Business, Cingapura

Statista (2017) PayPal — Statistics & Facts [On-line] https://www.statista.com/topics/2411/paypal/

Swan, M (2015) [acesso em 15 de fevereiro de 2018] *Blockchain: Blueprint for a new economy*, O'Reilly Media Inc, Sebastopol, CA

Szabo, N (1997) [acesso em 15 de fevereiro de 2018] Formalizing and Securing Relationships on Public Networks, *First Monday*, 2 (9) [On-line] http://firstmonday.org/article/view/548/469

Tapscott, D e Tapscott, A (2016) *Blockchain Revolution: How the technology behind bitcoin is changing money, business, and the world*, Penguin Random House, Nova York

The Economist (2015) Briefing blockchains: the great chain of being sure about things, *The Economist*, 31/10, pp 21-24

The Economist (2017) [acesso em 15 de fevereiro de 2018] For American Express, Competition Will Only Intensify: As Kenneth Chenault Departs, What Does the Future Hold for Amex?

The Economist, 28/10 [On-line] https://www.economist.com/news/finance-and-economics/21730639-kenneth-chenault-departs-what-does-future-hold-amex-american

The Nilson Report (2017a) [acesso em 15 de fevereiro de 2018] POS Terminal Shipments Worldwide, *The Nilson Report*, 1114 (julho) [On-line] https://www.nilsonreport.com/publication_newsletter_archive_issue.php?issue=1114

The Nilson Report (2017b) [acesso em 15 de fevereiro de 2018] Card Fraud Losses Reach $22.80 Billion, *The Nilson Report*, 1118 (outubro) [On-line] https://www.nilsonreport.com/publication_the_current_issue.php

Tushman, M e Anderson, P (1986) Technological discontinuities and organizational environment, *Administrative Science Quarterly*, **1** (3), pp 429-65

Walport, M (2016) [acesso em 15 de fevereiro de 2018] Distributed Ledger Technology: Beyond Block Chain — A Report by the UK Government Chief Scientific Adviser [On-line] https://www.gov.uk/government/uploads/system/uploads/attachment_data/file/492972/gs-16-1-distributedledger-technology.pdf

Capítulo 2

Biryukov, A, Khovratovich, D e Pustogarov, I (2014) [acesso em 15 de fevereiro de 2018] Deanonymisation of Clients in Bitcoin P2P Network, Proc. 2014 ACM SIGSAC Conf. Computer and Communication Security, pp 15–29 [On-line] https://arxiv.org/pdf/1405.7418.pdf

Brennan, S (2018) [acesso em 15 de fevereiro 2018] Contortions for Compliance: Life Under New York's BitLicense, *Coindesk*, 21/01 [On-line] https://www.coindesk.com/contortions-compliance-life-new-yorks-bitlicense/

Brito, J e Castillo, A (2013) [acesso em 15 de fevereiro de 2018] Bitcoin: A Primer for Policymakers, *Mercatus Center (George Mason University)* [On-line] https://www.mercatus.org/system/

files/Brito_BitcoinPrimer.pdf

Coinmarketcap (2018) [acesso em 15 de fevereiro de 2018] Criptocurrency Market Capitalizations [On-line] https://coinmarketcap.com/currencies/

Decker, S e Surane, J (2018) [acesso em 15 de fevereiro de 2018] BofA Tops IBM, Payments Firms With Most Blockchain Patents, *Bloomberg*, 16/01 [On-line] https://www.bloomberg.com/news/articles/2018-01-16/bofa-tops-ibm-and-payments-firms--with-most-blockchain-patents

Desjardins, J (2015) [acesso em 15 de fevereiro de 2018] All of the World's Money and Markets in One Visualization, *The Money Project*, 17/12 [On-line] http://money.visualcapitalist.com/all-of-the-worlds-moneyand-markets-in-one-visualization/?link=mktw

Deutsche Bank (2016) [acesso em 15 de fevereiro de 2018] White Paper: FinTech 2.0: Creating New Opportunities through Strategic Alliance, *White Paper*, fevereiro [On-line] http://cib.db.com/insights-andinitiatives/white-paperss/FinTech_2_0_0_Creating_new_opportunities_through_strategic_alliance.htm

Euro Banking Association (2015) [acesso em 15 de fevereiro 2018] Cryptotechnologies, a Major IT Innovation and Catalyst for Change: 4 Categories, 4 Applications and 4 Scenarios: An Exploration for Transaction Banking and Payment Professionals, *Report*, 11/05 [On-line] http://www.theblockchain.com/docs/Euro%20Banking%20Association%20-%20Cryptotechnologies%20-%20%20a%20major%20IT%20innovation.pdf

Ferguson, N (2008) *The Ascent of Money: A financial history of the world*, Penguin Books, Londres

Goodhart, C (1988) *The Evolution of Central Banks*, MIT Press, Cambridge, MA

Hileman, G (2016) [acesso em 15 de fevereiro de 2018] State of Bitcoin and blockchain 2016, *CoinDesk*, 01/02 [On-line] http://www.CoinDesk.com/state-of-bitcoin-blockchain-2016/

Jones, G e Hill, C (2012) *Theory of Strategic Management*, SouthWestern CENGAGE Learning

Kharif, O (2014) [acesso em 15 de fevereiro de 2018] Bitcoin: Not Just for Libertarians and Anarchists Anymore: Bitcoin Draws Consumers and Businesses Even as its Value Slides, *Bloomberg Business*, 9/10 [On-line] https://www.bloomberg.com/news/articles/2014-10-09/bitcoin-not-justfor-libertarians-and-anarchists-anymore

MacMillan, I e McGrath, R (2000) Technology Strategy in Lumpy Market Landscapes, em *Wharton on Managing Emerging Technologies*, ed G Day, P Shoemaker e R Gunther, pp 150-71, Wiley, Nova York

Möser, M, Böhme, R e Breuker, D (2013) An inquiry into the money laundering tools in the bitcoin ecosystem, *Proceedings of the 2013 eCrime Researchers Summit,* IEEE

Nikkei (2017) [acesso em 15 de fevereiro de 2018] Japan-South Koreo blockchain Payments Enter Trials Friday, *Asian Review*, 13/12 [On-line] https://asia.nikkei.com/Business/Deals/Japan-South-Korea-blockchain-paymentsenter-trials-Friday?n_cid=NARAN012

Nissen, H, Damerow, P e Englund, R K (1993) *Archaic Bookkeeping: Early writing techniques of economic administration in the ancient Near East,* University of Chicago Press, Londres

Peters, G e Panayi, E (2015) [acesso em 15 de fevereiro de 2018] Understanding Modern Banking Ledgers through Blockchain Technologies: Future of Transaction Processing and Smart Contracts on the Internet of Money, *Cornell University*, 18/11 [On-line] https://arxiv.org/pdf/1511.05740.pdf

Russo, C (2017) [acesso em 15 de fevereiro de 2018] Disrupting Finance: How the EU Payment Services Directive (PSD2) Will Impact the European Banking System, *Roland Berger*, 08/02 [On-line] https://www.rolandberger.com/en/press/Disrupting-Finance-How-the-EUPayment-Services-Directive-(PSD2)-will-impact-the-2.html

Senado Canadense (2015) [acesso em 15 de fevereiro de 2018] Digital Currency: You Can't Flip This Coin, *Report on the Standing Committee on Banking, Trade and Commerce* [On-line] https://sencanada.ca/content/sen/Committee/412/banc/rep/rep/rep12jun15-e.pdf

Skinner, C (2016) *Value Web: How FinTech firms are using mobile and blockchain technologies to create the internet of value*, Marshall Cavendish Business, Cingapura

Son, H, Levitt, H e Louis, B (2017) [acesso em 15 de fevereiro de 2018] Jamie Dimon Slams Bitcoin as a 'Fraud', *Bloomberg Technology*, 12/09 [On-line] https://www.bloomberg.com/news/articles/2017-09-12/jpmorgan-s-ceo-says-he-d-fire-traders-who-bet-on-fraud-bitcoin

Swan, M (2015) *Blockchain: Blueprint for a new economy*, O'Reilly Media Inc, Sebastopol, CA

Tapscott, D e Tapscott, A (2016) *Blockchain Revolution: How the technology behind bitcoin is changing money, business, and the world*, Penguin Random House, Nova York

Umeh, J (2016) Blockchain: double bubble or double trouble, *IT-NOW*, março, pp 58–61

Van De Mieroop, M (1992) *Society and Enterprise in Old Babylonian Ur*, Reimer-Verlag, Berlim

Wild, J, Arnold, M e Stafford, P (2015) [acesso em 15 de fevereiro de 2018] Technology: Banks Seek the Key to Blockchain: Financial Groups Race to Harness the Power of the Bitcoin Infrastructure to Slash Costs, *Financial Times*, 1/11 [On-line] https://next.ft.com/content/eb1f8256-7b4b-11e5-a1fe-567b37f80b64

Capítulo 3

Accenture (2013) [acesso em 15 de fevereiro de 2018] Banking 2020: As the Storm Abates, North American Banks Must Chart a New Course to Capture Emerging Opportunities, *Relatório* [On-line] https://www. accenture.com/gr-en/~/media/Accenture/Conversion-Assets/DotCom/Documents/Global/PDF/Industries_3/Accenture-Banking-2020-POV.pdf

Bikker, J e Haaf, K (2002) Competition, concentration and their relationship: an empirical analysis of the banking industry, *Journal of Banking & Finance*, 26, pp 2191-214

Brynjolfsson, E e McAfee, A (2014) *The Second Machine Age: Work, progress and prosperity in a time of Brilliant Technologies*, W W Norton & Company, Nova York

Chesbrough, H (2003) The governance and performance of Xerox's technology spin-off companies, *Research Policy*, **32** (3), pp 403-21

Christensen, C e Bower, J (1996) Customer power, strategic investment, and the failure of leading firms, *Strategic Management Journal*, **17** (3), pp 197-218

Citi GPS (2016) [acesso em 15 de fevereiro de 2018] Digital Disruption: How Fintech is Forcing Banking to a Tipping Point [On-line] https://www.nist.gov/sites/default/files/documents/2016/09/15/citi_rfi_response.pdf

Danneels, E (2004) Disruptive Technology Reconsiderated: A Critique and Research Agenda, *Journal of Product Innovation Management*, **21**, pp 246-58

David, P (1989) Computer and dynamo: the modern productivity paradox in a not-too-distant mirror, University of Stanford, Palo Alto, CA: Working Paper Center for Economic Policy Research

Deloitte (2016) Blockchain and contactless card payments, *Nilson Report*,

novembro, **1099**, pp 6-7

Deloitte e Efma (2016) [acesso em 10 de outubro de 2018] Out of the Blocks: Blockchain: From Hype to Prototype [On-line] https://www.efma.com/study/detail/25582

Deutsche Bank (2016) [acesso em 15 de fevereiro de 2018] White Paper: FinTech 2.0: Creating New Opportunities through Strategic Alliance [On-line] http://cib.db.com/docs_new/GTB_FinTech_Whitepaper_A4_SCREEN.pdf

Estrin, J (2015) [acesso em 15 de fevereiro de 2018] Kodak's

First Digital Moment, *New York Times*, 12/8 [On-line] https://lens.blogs.nytimes.com/2015/08/12/kodaks-first-digital-moment/?_r=0#

Euro Banking Association (2015) [acesso em 15 de fevereiro de 2018] Cryptotechnologies, a Major IT Innovation and Catalyst for Change: 4 Categories, 4 Applications and 4 Scenarios: An Exploration for Transaction Banking and Payment Professionals, Report, 11/05 [On-line] http://www.the-blockchain.com/docs/Euro%20Banking%20Association%20-%20Cryptotechnologies%20-%20%20a%20major%20IT%20innovation.pdf

Finextra e IBM (2016) [acesso em 15 de fevereiro de 2018] Banking on Blockchain: Charting the Progress of Distributed Ledger Technology in Financial Services, *White Paper*, janeiro [On-line] https://www.finextra.com/finextra-downloads/surveys/documents/32e19ab4-2d9c-4862-8416-d3be94161c6d/banking%20on%20on%20 blockchain.pdf

Frost e Sullivan (2016) [acesso em 15 de fevereiro de 2018] Global Rating of Direct Banks 2016: Benchmarking Direct Banks' Client Base, *Report*, outubro [On-line] https://static.tinkoff.ru/news/2016/2016-10-04-global-rating-of-direct-banks.pdf

Glaser, P (1988) Using Technology for Competitive Advantage: The ATM Experience at Citicorp, em *Managing Innovation: Cases from the services industries*, ed B Guile e J Quinn, National Academy, Washington DC].

Government Accountability Office (2013) [acesso em 15 de fevereiro de 2018] Financial Institutions: Causes and Consequences of Recent Community Bank Failures: Testimony Before the Committee on Banking, Housing, and Urban Affairs, US Senate, *Statement of Lawrance L Evans*, 13/06[On-line] http://www.gao.gov/assets/660/655193.pdf

Grove, A (1996) [acesso em 15 de fevereiro de 2018] *Only the Paranoid Survive*, Doubleday, Nova York

HBS (nd) [acesso em 10 de outubro de 2018] [On-line] https://www.hbs.edu/faculty/Pages/profile.aspx?facId=6532

Heires, K (2016) The risks and rewards of blockchain technology, *Risk Management*, (março), pp 4-7

Hileman, G (2016) [acesso em 15 de fevereiro de 2018] State of bitcoin and blockchain 2016, *CoinDesk*, 01/02 [On-line] http://www.CoinDesk.com/state-of-bitcoin-blockchain-2016/

Hill, C (1997) Establishing a standard: competitive strategy and technology standards in winner takes all industries, *Academy of Management Executive,* **11**, pp 7-25

Iansiti, M, McFarlan, W e Westerman, G (2003) Leveraging the Incumbent's Advantage, *MIT Sloan Management Review*, **44** (4), pp 58-64

Irrera, A (2017) [acesso em 15 de fevereiro de 2018] Blockchain Consortium Hyperledger Loses Members, Funding: Documents, *Reuters*, 15/12 [On-line] https://www.reuters.com/article/us-blockchain-consortium/blockchain-consortium-hyperledger-loses-members-funding-documents-idUSKBN1E92O4

King, B (2014) *Breaking Banks: The Innovators, Rogues, and Strategists Rebooting Banking*, John Wiley & Sons, Cingapura

Levitt, T (1965) [acesso em 15 de fevereiro de 2018] Exploit the Product Life Cycle, *Harvard Business Review*, **43** (6), pp 81-94 [On-line] https://hbr.org/1965/11/exploit-the-product-life-cycle

Mac, R (2014) [acesso em 10 de abril de 2016] PayPal Takes Baby Step Toward Bitcoin, Partners with Cryptocurrency Processors, *Forbes* [On-line] https://www.forbes.com/sites/ryanmac/2014/09/23/paypal-takes-small-step-towards-bitcoin-partners-with-cryptocurrency-processorss/#410b738131311b

Miller, D (1990) *The Icarus Paradox*, Harper Business, Nova York

Mills, QM (1996) [acesso em 15 de fevereiro de 2018] The Decline and Rise of IBM, *Sloan Review*, 15/07 [On-line] https://sloanreview.mit.edu/article/the-decline-and-rise-of-ibm/

Porter, M (1979) How competitive forces shape industry, *Michael E. Porter on Competition and Strategy — Collection of Articles* (1991), Harvard Business Press, Cambridge, MA, pp 3–11

Porter, M (1980, reimpressão 1998) *Competitive Strategy: Tech-*

niques for analyzing industries and competitors, Free Press, Nova York

Porter, M (1985) *Competitive Advantage*, Free Press, Nova York

Quinn, J e Baily, M (1994) Information technology: increasing productivity in services, *The Academy of Management Executive*, 8 (3), 28-48

Redman, J (2016) [acesso em 15 de fevereiro de 2018] MasterCard Gets Serious with Four Blockchain Patents, *bitcoin.com*, 2/12 [On-line] https://news.bitcoin.com/mastercard-four-blockchain-patents/

Shapiro, C (1989) The Theory of Business Strategy, *RAND Journal of Economics*, 20 (1), pp 125-37

Skinner, C (2016) *Value Web: How FinTech firms are using mobile and blockchain technologies to create the internet of value*, Marshall Cavendish Business, Cingapura

Statista (2017) [acesso em 20 de agosto de 2018] Number of Current Account Customers Gained and Lost By Leading Banks in the United Kingdom (UK) Via 'Current Account Switch Service' (CASS) in the Second Quarter 2017 [On-line] https://www.statista.com/statistics/417599/currentaccount-switching-by--bank-gain-or-loss-uk/

Statista (2018) [acesso em 15 de fevereiro de 2018] PayPal's Annual Revenue From 2010 to 2017 [On-line] https://www.statista.com/statistics/382619/paypal-annual-revenue

Sull, D (2003) *Revival of the Fittest: Why good companies go bad and how great managers remake them*, Harvard Business School Press, Boston, MA

Sutton, J (1992) Implementing game theoretical models in industrial economies, *Recent Developments in the Theory of Industrial Organization*, ed Alfredo Del Monte, pp 19-33, University of Michigan Press, Ann Arbor, MI

Synergy Research Group (2016) [acesso em 15 de fevereiro de 2018] Amazon Leads; Microsoft, IBM e Google Chase; Others Trail, *Report, 01/08* [On-line] https://www.srgresearch.com/

articles/amazon-leads-microsoftibm-google-chase-others-trail

Teece, D, Pisano, G e Shuen, A (1997) Dynamic capabilities and strategic management, *Strategic Management Journal*, **18**, pp 509-33

The Economist (2012) [acesso em 15 de fevereiro de 2018] Remessas: Over the Sea and Far Away, *The Economist*, 19/05 [On-line] www.economist.com/node/21554740

USBankLocations.com (2018) [acesso em 15 de fevereiro de 2018] Banks Ranked by Number of Branches [On-line] http://www.usbanklocations.com/bank-rank/number-of-branches.html

Utterback, J (1994) *Mastering the Dynamics of Innovation*, Harvard Business School Press, Boston, MA

Wolf, J (1912) *Die Volkswirtschaft der Gegenwart und Zukunft*, A Deichert, Leipzig

Capítulo 4

ACI Worldwide e Aite Group (2017) [acesso em 15 de fevereiro de 2018]. Global Consumer Survey: Consumer Trust and Security Perceptions [On-line] https://www.aciworldwide.com/-/media/files/collateral/trends/2017-global-consumer-survey-consumer-trust-and-securityperceptions.pdf

Brand Finance (2017) [acesso em 15 de fevereiro de 2018] Global 500 2017: The Annual Report on the World's Most Valuable Brands [On-line] http://brandfinance.com/images/upload/global_500_2017_locked_website.pdf

Capgemini, LinkedIn e Efma (2018) [acesso em 15 de fevereiro de 2018] World Fintech Report 2018, 27/02 [On-line] https://www.capgemini.com/wp-content/uploads/2018/02/world-fintech-report-wftr-2018.pdf

Chandy, R e Tellis, G (2000) The incumbent's curse? Incumbency, size, and radical product innovation, *Journal of Marketing*, **64** (3), pp 1–17

China Economic Net (2017) [acesso em 15 de abril de 2018] China Outpaces US on Mobile Payments, 15/02 [On-line] http://en.ce.cn/main/latest/201702/15/t20170215_20244626.shtml?utm_source=eNewsletterPro&utm_medium=email&utm_campaign=Smarter_Facility_Management_with_ Smart_ID_Badging__1544

Christensen, C e Bower, J (1996) Customer power, strategic investment, and the failure of leading firms, *Strategic Management Journal*, **17** (3), pp 197-218

Citi GPS (2016) [acesso em 15 de fevereiro de 2018] Digital Disruption: How Fintech is Forcing Banking to a Tipping Point, março [On-line] https://www.nist.gov/sites/default/files/documents/2016/09/15/citi_rfi_response.pdf

Coinometrics (2015) em Skinner, C (2016) *Value Web: How FinTech firms are using mobile and blockchain technologies to create the internet of value*, Marshall Cavendish Business, Cingapura

Dahinden, U (2006) *Framing: An integrative theory of mass communication*, UVK, Konstanz

De, Nikhilesh (2017) [acesso em 15 de maio de 2018] Apple Patent Filing Hints at Blockchain Use, *Coindesk*, 07/12 [On-line] https://www.coindesk.com/apple-patent-filing-hints-blockchain-timestamp-use/

Deutsche Bank (2016) [acesso em 15 de fevereiro de 2018] White Paper: FinTech 2.0: Creating New Opportunities through Strategic Alliance, fevereiro [On-line] http://cib.db.com/insights-and-initiatives/whitepapers/FinTech_2_0_Creating_new_opportunities_through_strategic_alliance.htm

Dimon, J (2014) [acesso em 15 de fevereiro de 2018] JP Morgan Chase & Co, Relatório Anual 2013, 09/04 [On-line] http://online.wsj.com/public/resources/documents/040913dimon.pdf

Goldman Sachs (2015) The future of finance: the rise of the new shadow bank, *Equity Research*, 3 de março

Grupo CGI (2017) [acesso em 15 de abril de 2018] CGI Global Payments Research 2017: Key Highlights and Observations [On-line] https://www.cgi.com/sites/default/files/pdf/cgi-global-payments-research.pdf

Heggestuen, J (2014) [acesso em 15 de fevereiro de 2018] Alipay Overtakes PayPal as the Largest Mobile Payments Platform in the World, *Business Insider*, 11/02 [On-line] http://www.businessinsider.de/alipay-overtakes-paypal-as-the-largest-mobile-payments-platform-in-the-world-2014-2?r=US&IR=T

Heires, K (2016) The risks and rewards of blockchain technology, *Risk Management*, 1 de março, pp 4-7

Klepper, S e Simons, K (2000) Dominance by birthright: entry to previous radio producers and competitive ramifications in the US television receiver industry, *Strategic Management Journal*, **21** (10-11), pp. 997-1016.

KPMG (2017) [acesso em 15 de fevereiro de 2018] The Pulse of Fintech Q4 2016: Global Analysis of Investment in Fintech, 21/02 [On-line] https://assets.kpmg.com/content/dam/kpmg/xx/pdf/2017/02/pulse-of-fintech-q4-2016.pdf

McKinsey Financial Services Practice (2017) [acesso em 15 de fevereiro de 2018] Payments: On the Crest of the Fintech Wave, Maio [On-line] https://www.mckinsey.com/industries/financial-services/our-insights/payments-on-the-crest-of-the-fintech-wave

Methe, D *et al* (1997) The underemphasized role of diversifying entrants and industry incumbents as the sources of major innovations, em *Strategic Discovery: Competing in new arenas*, ed H Thomas, D O'Neal e R Alvarado, pp 99–116, Wiley, Nova York

Nykiel, T (2014) [acesso em 8 de maio de 2018] Here's Why The Biggest Banks Are Pushing Apple Pay, *Business Insider*, 25/09 [On-line] http://www.businessinsider.com/the-biggest-banks-are-pushingapple-pay-2014-9?IR=T

Porter, M (1979) How Competitive Forces Shape Industry, em *Michael E. Porter on Competition and Strategy — Collection of Articles*, Harvard Business Press, Cambridge, MA, pp 3-11

PYMNTS (2017) [acesso em 8 de maio de 2018] Digital Wallets Dominated Social Media Conversations In 2016, 01/03 [On-line] http://www.pymnts.com/news/security-and-risk/2017/

digital-wallets-dominated-social-mediaconversations-in-2016/

PYMNTS/INFOSCOUT (2018a) [acesso em 8 de maio de 2018] Mobile Wallet Adoption: Where Are We Now? [On-line] https://www.pymnts.com/mobile-wallet-adoption-statistics/

PYMNTS.COM/INFOSCOUT (2018b) [acesso em 8 de maio de 2018] Apple Pay Wallet Adoption: Where Are We Now? [On-line] https://www.pymnts.com/apple-pay-adoption/

Rothaermel, F (2001) Incumbents' advantage through exploiting complementary assets via interfirm cooperation, *Strategic Management Journal*, 22 (6-7), pp 687-99

Skinner, C (2016) *Value Web: How FinTech firms are using mobile and blockchain technologies to create the internet of value*, Marshall Cavendish Business, Cingapura

Statista (2017) [acesso em 15 de maio de 2018] Number of Apps Available in Leading App Stores as of March 2017 [On-line] https://www.statista.com/statistics/276623/number-of-apps-available-in-leading-app-stores/

Statista (2018) [acesso em 15 de maio de 2018] Funding and Investment of Blockchain Startup Companies Worldwide from 2012 to 2017 (In Million US Dollars) [On-line] https://www.statista.com/statistics/621207/worldwide-blockchain-startup-financing-history/

Sundararajan, S (2018) [acesso em 8 de maio de 2018] Search Giant Baidu Launches Blockchain-as-a-Service Platform, 12/01 [On-line] https://www.coindesk.com/search-giant-baidu-launches-blockchain-as-aservice-platform/

Synergy Research Group (2016) [acesso em 15 de fevereiro de 2018] Amazon Leads; Microsoft, IBM e Google Chase; Others Trail, *Report, 01/08* [On-line] https://www.srgresearch.com/articles/amazon-leads-microsoftibm-google-chase-others-trail

The Economist (2017) [acesso em 20 de maio de 2018] Schumpeter: Harvard Business School Risks Going From Great To Good: A Confidencial Memorandum of Warning To Its Senior Faculty, *The Economist*, 04/05 [On-line] http://www.economist.com/news/business/21721681confidential-memorandum-warning-its-senior-faculty-harvard-businessschool-risks-going

Walmart (2015) [acesso em 11 de maio de 2018] Walmart Introduces Walmart Pay: Pay With Any iOS or Android Smartphone, Any Major Payment Type and at Any Checkout Lane — All Through the Walmart App, comunicado de imprensa, 10/12 [On-line] http://news.walmart.com/news-archive/2015/12/10/walmart-introduces-walmart-pay

Webster, K (2017) [acesso em 20 de abril de 2017] An Inconvenient Apple Pay Truth, *PYMNTS*, 10/04 [On-line] http://www.pymnts.com/news/payment-methods/2017/apple-pay-adoption-down-and-so-is-the-hypemobile-pay-usage/

Wild, J, Arnold, M e Stafford, P (2015) [acesso em 15 de fevereiro 2018] Technology: Banks Seek the Key to Blockchain: Financial Groups Race to Harness the Power of the Bitcoin Infrastructure to Slash Costs, *Financial Times*, 1/11 [On-line] https://next.ft.com/content/eb1f8256-7b4b-11e5-a1fe-567b37f80b64

Yuanyuan, D (2016) [acesso em 10 de maio de 2018] Alibaba, Baidu and Tencent and Their New Online Banks, 26/12 [On-line] http://fintechranking. com/2016/12/26/alibaba-baidu-and-tencent-and-the-seu-new-online-banks/

Capítulo 5

Burke, A, van Steel, A e Thurik, R (2009) Blue ocean *versus* competitive strategy: theory and evidence, *ERIM Report Series Research in Management*, pp 1-25

Capgemini, LinkedIn e Efma (2018) [acesso em 15 de maio de 2018] World Fintech Report 2018, 27/02 [On-line] https://www.capgemini.com/wp-content/uploads/2018/02/world-fintech-report-wftr-2018.pdf

Citi GPS (2016) [acesso em 15 de fevereiro de 2018] Digital Disruption: How Fintech is Forcing Banking to a Tipping Point, March [On-line] www.nist.gov/sites/default/files/documents/2016/09/15/citi_rfi_response.pdf

Danneels, E (2004) Disruptive technology reconsidered: a critique and research agenda, *Journal of Product Innovation Management*, **21**, pp 246-58

Deutsche Bank (2016) [acesso em 15 de fevereiro de 2018] White Paper: FinTech 2.0: Creating New Opportunities Through Strategic Alliance, fevereiro [On-line] http://cib.db.com/insights-and-initiatives/whitepapers/FinTech_2_0_Creating_new_opportunities_through_strategic_alliance.htm

Goddard, J (1997) The architecture of core competence, *Business Strategy Review*, 8 (1), pp 43-52

Hansen, G e Wernerfelt, B (1989) Determinants of firm performance: the relative performance of economic and organizational factors, *Strategic Management Journal*, **10** (5), pp 399–411

Kahn, J (2016) [acesso em 15 de fevereiro de 2018] London's Lonely Unicorn: Two Frugal Expats and Their Billion Dollar Startup, *Bloomberg*, 13/06 [On-line] https://www.bloomberg.com/news/articles/2016-06-13/london-s-lonely-unicorn-two-frugal-expats-and-their-billion-dollarstartup

Khiaonarong, T e Liebenau, J (2009) *Banking on Innovation: Modernization of payment systems*, Physica-Verlag (Springer), Heidelberg

Kim, C e Mauborgne, R (2005) *Blue Ocean Strategy: How to create uncontested market space and make competition irrelevant*, Harvard Business Review Press, Boston, MA

King, B (2014) *Breaking Banks: The innovators, rogues, and strategists rebooting banking*, John Wiley & Sons, Cingapura

Lewis, A e McKone, D (2016) *Edge Strategy: A new mindset for profitable growth*, Harvard Business Review Press, Boston, MA

Mata, F, Fuerst W e Barney, J (1995) Information technology and sustained competitive advantage: a resource-based analysis, *MIS Quarterly*, **19** (dezembro), pp 487-505

Nguyen, HL (2014) [acesso em 15 de maio de 2018] Do bank branches still matter? The effect of closings on local economic outcomes, *Massachusetts Institute of Technology Working Paper*, dezembro [On-line] https://www.rhsmith.umd.edu/files/Documents/Departments/Finance/seminarspring2015/nguyen.pdf

Peachey, K (2017) [acesso em 15 de maio de 2018] Mobiles 'fast replacing' bank branch visits, BBC, 28/06 [On-line] http://www.bbc.com/news/business-40421868

Penrose, E (1959) *The Theory of the Growth of the Firm*, Basil Blackwell, Londres

Porter, M (1979) How competitive forces shape industry, in *Michael E. Porter on Competition and Strategy — Collection of Articles* (1991), pp 3-11, Harvard Business Press, Cambridge, MA

Porter, M (1998 [1980]) *Competitive Strategy: Techniques for analyzing industries and competitors*, Free Press, Nova York

Porter, M (1985) *Competitive Advantage*, Free Press, Nova York

Powell, T (1992a) Organizational alignment as competitive advantage, *Strategic Management Journal*, **13** (2), pp 119-34

Powell, T (1992b) Strategic planning as competitive advantage, *Strategic Management Journal*, **13** (7), p. 551-58

Prahalad, C e Hamel, G (1990) The core competence of the corporation, *Harvard Business Review*, **68**, pp 79-90

Rangan, K e Lee, K (2010) [acesso em 15 de fevereiro de 2018] HBS Case: Mobile Banking for the Unbanked, *Harvard Business Review*, 17/09 [On-line] https://hbr.org/product/mobile-banking-for-the-unbanked/an/511049-PDF-ENG

Rumelt, R (1991) How much does industry matter?, *Strategic Management Journal*, **12** (3), pp 556-70

Schumpeter, J (1942) *Capitalism, Socialism, and Democracy*, Harper & Brothers, Nova York

Teece, D, Pisano, G e Shuen, A (1997) Dynamic capabilities and strategic management, *Strategic Management Journal*, **18**, pp 509-33

Trefis Team (2017) [acesso em 15 de maio de 2018] The Five Largest US Banks Hold More Than 40% Of All Deposits, *Forbes*, 14/12 [On-line] https://www.forbes.com/sites/greats-

peculations/2017/12/14/the-five-largest-us-banks-hold-more--than-40-of-all-deposits/#709058f116aa
Tripsas, M (1997) Unraveling the process of creative destruction: complementary assets and incumbent survival in the typesetter industry, *Strategic Management Journal*, 18 (verão), pp 119-42
Vikas, M, Sarkees, M e Murshed, F (2008) [acesso em 15 de fevereiro de 2018] The Right Way to Manage Unprofitable Customers, *Harvard Business Review*, 86 (4), pp 94-102 [On-line] https://hbr.org/2008/04/the-right-way-to-manage-unprofitable-customers
World Bank Group (2015) [acesso em 15 de fevereiro de 2018] The Global Findex Database 2014: measuring financial inclusion around the world, *Policy Research Working Paper 7255* [On-line] http://www-wds.worldbank.org/external/default/WDSContentServer/WDSP/IB/2015/10/19/090224b08315413c/2_0/Rendered/PDF/The0Global0Fin0ion0around0the0the-0world.pdf#page=3
World Bank (2018) [acesso em 15 de maio de 2018] Commercial Bank Branches (Per 100,000 Adults) [On-line] https://data.worldbank.org/indicator/FB.CBK.BRCH.P5?locations=US

Capítulo 6

ACI Worldwide e Aite Group (2017) [acesso em 15 de maio de 2018] Global Consumer Survey: Consumer Trust and Security Perceptions, fevereiro [On-line] https://www.aciworldwide.com/-/media/files/collateral/trends/2017-global-consumer-survey-consumer-trust-and-securityperceptions.pdf
Baden-Fuller, C e Haefliger, S (2013) Business models and technological innovation, *Long Range Planning*, 46, pp 419-26
BBC (2004) [acesso em 15 de maio de 2018] Passwords Revealed By Sweet Deal, 20/04 [On-line] http://news.bbc.co.uk/2/hi/technology/3639679.stm
Capgemini, LinkedIn e Efma (2018) [acesso em 15 de maio de

2018] World Fintech Report 2018, 27/02 [On-line] https://www.capgemini.com/wp-content/uploads/2018/02/world-fintech-report-wftr-2018.pdf

Danneels, E (2004) Disruptive technology reconsidered: a critique and research agenda, *Journal of Product Innovation Management*, **21**, pp 246-58

Forrester (2016) em Skinner, C (2016) *Value Web: How FinTech firms are using mobile and blockchain technologies to create the internet of value*, Marshall Cavendish Business, Cingapura

Grove, A (1996) *Only the Paranoid Survive*, Doubleday, Nova York

Libert, B, Beck, M e Wind, J (2016a) [acesso em 15 de maio de 2018]. Network Revolution: Creating Value Through Platforms, People, and Technology, 14/04 [On-line] http://knowledge.wharton.upenn.edu/article/the-network-revolution-creating-value-through-platformspeople-and-digital-technology/

Libert, B, Beck M e Wind, J (2016b) [acesso em 15 de maio de 2018] Network Revolution: Creating Value Through Platforms, People, and Technology, 14/04 [On-line] http://knowledge.wharton.upenn.edu/article/the-network-revolution-creating-value-through-platformspeople-and-digital-technology/

Porter, M (1979) How competitive forces shape industry, in *Michael E Porter on Competition and Strategy — Collection of Articles*, Harvard Business Press, Cambridge, MA, pp 3-11

PrivatBank (2016) [acesso em 15 de maio 2018] PrivatBank is One of the First Banks Worldwide to Offer API-Based and Open Source IT-Architecture Services, *Value Web*, 04/05 [On-line] https://en.privatbank.ua/news/-privatbank-is-one-of-the-first-banks-worldwide-to-offer-api-based-andopen-source-it-architecture-services-chris-skinner-value-web/

Rochet, J e Tirole, J (2006) Two-sided markets: a progress report, *Rand Journal of Economics*, **37** (3), pp 645-67

Skinner, C (2016) *Value Web: How FinTech firms are using mobile and blockchain technologies to create the internet of value*, Marshall Cavendish Business, Cingapura

Stocco, G (2015) [acesso em 15 de maio de 2018] The Finanser Interviews: Guga Stocco, Head of Strategy and Innovation, Banco Original, agosto, Brasil [On-line] https://thefinanser.com/2015/08/the-finanser-interviews-gugastocco-head-of-strategy-and-innovation-banco-original-brazil.html/

Traynor *et al* (2013) [acesso em 15 de maio de 2018] Cyprus Bailout Deal With EU Closes Bank and Seizes Large Deposits, *The Guardian*, 25 de março [On-line] https://www.theguardian.com/world/2013/mar/25/cyprusbailout-deal-eu-closes-bank

Tversky, A e Kahneman, D (1981) The Framing of decision and the psychology of choice, *Science*, **211** (4481), pp 453-58

Wiens, R (2018) Erste Group will neue Märkte erobern, *Salzburger Nachrichten*, 1 de março

Capítulo 7

Browne, R (2017) [acesso em 15 de maio de 2018] Big Transaction Fees Are a Problem For Bitcoin — But There Could Be a Solution, CNBC, 19/12 [On-line] https://www.cnbc.com/2017/12/19/big-transactions-fees-area-problem-for-bitcoin.html

Christin, N (2013) Traveling the Silk Road: a Measurement Analysis of a Large Anonymous Marketplace, *Proceedings of the 22nd International World Wide Web Conference, Rio de Janeiro*, pp 213-24

FDIC — Federal Deposit Insurance Corporation (2016) [acesso em 15 de maio de 2018] 2015 FDIC National Survey of Unbanked and Underbanked Households, 20/10 [On-line] https://www.fdic.gov/householdsurvey/2015/2015report.pdf

Ferguson, N (2008) *The Ascent of Money: A Financial History of the World*, Penguin Books, Londres

Foundation Capital (2014) [acesso em 15 de maio de 2018] A Trillion Dollar Market By the People, For the People: How Marketplace Lending Will Remake Banking As We Know [On-line] https://foundationcapital.com/wp-content/uploads/2016/08/

TDMFinTech_whitepaper.pdf

FRED — Federal Reserve Bank of St Louis (2017a) [acesso em 15 de maio de 2018] Remittance Inflows to GDP for Haiti (DDOI11HTA156NWDB), 30/08 [On-line] https://fred.stlouisfed.org/series/DDOI11HTA156NWDB

FRED — Federal Reserve Bank of St Louis (2017b) [acesso em 15 de maio de 2018] Remittance Inflows to GDP for Philippines (DDOI11PHA156NWDB), 30/08 [On-line] https://fred.stlouisfed.org/series/DDOI11HTA156NWDB

Glaser, P (1988) Using Technology for Competitive Advantage: The ATM Experience at Citicorp, em *Managing Innovation: Cases from the services industries*, ed B Guile e J Quinn, National Academy, Washington DC

Hileman, G (2015) [acesso em 15 de maio de 2018] The Bitcoin Market Potential Index, *Financial Cryptography and Data Security*, pp 92-93 [On-line] https://link.springer.com/chapter/10.1007%2F978-3-662-48051-9_7

MacAskill, A, Jessop, S e Cohn, C (2017) [acesso em 15 de maio de 2018] Exclusive — Reuters Survey: 10.000 UK Finance Jobs Affected in Brexit's First Wave, *Reuters*, 18/09 [On-line] https://uk.reuters.com/article/uk-britain-eu-jobs-exclusive/exclusive-reuters-survey-10000-ukfinance-jobs-affectd-in-brexits-first-wave-idUKKKCN1BT1EQ

Rangan, K e Lee, K (2010) [acesso em 15 de maio de 2018] HBS Case: Mobile Banking for the Unbanked, *Harvard Business Review*, 17/09 [On-line] https://hbr.org/product/mobile-banking-for-the-unbanked/an/511049-PDF-ENG

Santander, Oliver Wyman e Anthemis Group (2015) [acesso em 15 de fevereiro de 2018] The Fintech 2.0 Paper: Rebooting Financial Services [On-line] http://santanderinnoventures.com/wp-content/uploads/2015/06/The-Fintech-2-0-Paper.pdf

SelectUSA (2016) [acesso em 15 de maio de 2018] Financial Services Spotlight: The Financial Services Industry in the United States [On-line] https://www.selectusa.gov/financial-services-

-industry-united-states

Suri T e Jack, W (2016) [acesso em 15 de maio de 2018] The Long-Run Poverty and Gender Impacts of Mobile Money, *Science*, 354 (6317), pp 1288-92 [On-line] http://science.sciencemag.org/content/354/6317/1288.full

The Economist (2017) [acesso em 20 de maio de 2018] Changing Maps: How the Shape of Global Banking Has Turned Upside Down, *The Economist*, 28/08 [On-line] https://www.economist.com/news/finance-andeconomics/21727088-american-and-european-banks-stay-more-homechinese-ones-extend-their-reach-how

Umeh, J (2016) Blockchain: Double Bubble or Double Trouble?, *ITNOW*, pp 58-61 (março)

World Bank Group (2015) [acesso em 15 de fevereiro de 2018] The Global Findex Database 2014: Measuring Financial Inclusion Around the World, *Policy Research Working Paper 7255* [On-line] http://www-wds.worldbank.org/external/default/WDSContentServer/WDSP/IB/2015/10/19/090224b08315413c/2_0/Rendered/PDF/The0Global0Fin0ion0around0the0world.pdf#page=3